JN310154

「できる」を育む家づくり

住空間と脳

脇田幸三

工作舎

はじめに…住まいとは

「住まい」とは、何でしょうか。「家族が日々暮らす場所」「家庭生活を包む器」をまず思いつきます。家族や家庭がキーワードになりますが、家族の人数が変わってきています。二〇世紀前半までは大家族、二〇世紀後半は核家族が多くを占めていました。今日では生活力のあるひとり家族や、高齢のひとり・ふたり家族が増えています。住まいの風景は、家族の構成によって変わります。住まいは、外の世界や社会に対するそれぞれの家族の拠点です。大きく二つの役割があると思います。「安全で安心できる快適な場」と「家族の成長・成熟を育む場」です。住まいは、家族が心地よく守られて成長し、外の世界へ向かう新陳代謝の場です。

住まいの基本となるのは、「安全・安心で快適な場」です。雨や風雪をしのぐだけでなく、快適さが要ります。地震や台風に強く・燃えにくく、長く持ちこたえ、カビ・ダニがいなくて衛生的で、使いやすく、暖かく涼しい、健康を維持増進できる住まいが望まれます。建築費・維持費が手頃で、二酸化炭素の排出量が少なく省資源であることも大切です。どちらかといえば、器としてのハードな条件になります。

住まいを豊かにするのは、「家族の成長・成熟を育む場」です。家族が一緒に食べ・憩い・休み・助け合って、喜び・怒り・哀しみ・楽しみを共にし、家族の絆を強くします。子どもを育て、遊び・学び、身体と心を成熟させます。疲れやストレスを癒し、健康を保ち、安らぎ、英気を養い、明日に備え・向かいます。家族の心の拠り所となり、家族みんなの可能性を拡げます。形にするのが難しいソフトな条件になります。

この二つの役割のうち、住まいの性能面（構造の安定、火災時の安全、劣化の軽減、維持管理・更新への配慮、温熱環境、空気環境、光・視環境、音環境、高齢者等への配慮、防犯の一〇分野）は、法的にも整備され、今日の建築技術によって実現できるようになっています。器としての性能は良くなっています。最近では、太陽光発電や情報機器の住宅設備への取り込み（家庭内エネルギーを最適制御＝スマートハウス）、地球温暖化対策＝CO_2削減が盛んです。「安全・安心・快適な場」のハードな面では、対応が進んでいます。

しかしながら「家族の成長・成熟を育む場」は、対応がまだ不十分です。住まいは、器としての良質さは重要ですが、より大切なものは「明日への揺りかご」ではないでしょうか。

子どもが健やかに育ち、家族みんながいつまでも前向きな気持ちで生き甲斐をもって暮らす空間です。日々起ちあがっていくのをそっと後押しする住まいです。「生きていく力を育てる住まい」といってもいいと思います。

では、「家族の成長・成熟を育む場」とはどんなものでしょうか。人は「身体と心と思考」を持ち、それぞれ深く関係して生命活動をしています。その中枢にあるのが「脳」です。家族一人一人の脳の働きを健全に生き生きとするのが住まい、ということができます。住まいは、家族の「身体と心と思考」・「脳」が成長・成熟していく場です。

「脳」といえば、人間らしさとか思考を担う大脳をイメージします。よって大脳をうまく育てればいいかと言えば、そうではないようです。大脳は単独ではなく、他の脳部位と連動しています。「脳」は、身体とは違う過程で徐々に育ち、一人前になるには時間がかかります。その成長過程が大事で、またほぼ完成しても刺激の変化や情報の継続が大切になります。

「脳」は、進化の中で形成された順に次の三つの階層から成るといいます。呼吸や心臓の動き、体温を調節するなど生命維持する脳幹部。不安・恐怖・怒り・好き嫌いなど動物的な情動＝感情を発し、意欲と記憶に関与する大脳辺縁系。経験や知識の記憶、思考・意思に関係する大脳です。脳は、この三つが連携して活動しています。意識できる部分は、大脳の働きの一部です。意識できない部分も、大きな役割を果たしています。脳は身体の感覚と運動や内臓の働きとともにあり、それらと脳部位の成長・成熟に合わせたつき合いが重要になります。

若い柔らかな脳には、いろいろな感覚刺激、手足や顎を使う運動やことばの働きかけが大切と言われます。自立には家族の見守りと手助けが欲しい。脳の成熟には、学習も経験もいっぱい要ります。ずっと好奇心と興味を持ち続けることもとても重要です。人生の過半を過ごす住まいは、日々静かに私たちの生き方に影響し、脳にとって積み重ねの刺激・情報となります。脳の成長・成熟にとって望ましい住まいのつくりがあります。それは、家族みんなの可能性が拡がる「できる」を育む住まいになります。

I　脳の成長・成熟と住まい

8 感覚刺激に溢れ、家族が集う場

かつての囲炉裏のような

Ⅰ　脳の成長・成熟と住まい

脳の研究は、医学・薬学・理学・化学・農学・工学という生命科学に関連する広い分野で進んでいます。特に一九九〇年以降欧米を中心に発展しています。日本は得意分野を持ち、最先端を追いかけています。一般向けには啓蒙書が脳ブームと呼ばれるほどです。

二〇一三年四月にはオバマ米大統領が、脳の仕組みの解明へ国家プロジェクトを発表しました。人類月面着陸計画、人間のゲノム(全遺伝情報)解読計画に匹敵する脳・神経科学の計画で、二〇一四年から始まりました。脳地図を作成して、アルツハイマー病やパーキンソン病のような脳変性疾患などの作用やメカニズムの解明をめざします。同様にヨーロッパ共同体(EU)でも、脳機能の完全なコンピュータモデルの構築をめざすプロジェクトが始まりました。一〇余年後には、脳の働きが大きく解明されていきます。

脳の研究は、脳の病気や障害そして精神疾患の治療が最優先です。より健康になり長生きする秘訣は、副次的にもたらされるものです。ましてや頭がよくなることや記憶力が増すことを直接の目的にしていません。集中して勉強できる・働くことができる建築や快適に暮らせる空間といった研究は、端緒についたばかりです。それでも脳科学的な知見から、住まいのあり方について多く学ぶことができます。

脳の成長・成熟は、身体とはかなり様相が違います。脳はいくつもの部位からなります。脳は全体で連動して働きますが、個々の部位の成長や協働する組み合わせは違います。脳は、動物の進化に寄り添って各部位を重ねてきました。最古層は、生命活動を担う旧皮質の「生きるための脳」である「脳幹」です。この上にあるのが「感じる脳」と呼ばれる古皮質の「大脳辺縁系」があります。一番外に「考える脳」と呼ばれる新皮質の「大脳」があります。

生命活動の維持を基に脳は、入力を情報処理して出力します。そこでは「感じる脳」と「考える脳」、および「動かす脳」が協働します。入力は、外の世界からの情報と内の世界から情報（考えや意志など）があります。「動かす脳」は、主に小脳・大脳基底核・大脳皮質の運動前野や補足運動野などが働きます。手足・指・口を使う身体の動きだけでなく、思考の場合にも「動かす脳」が働きます。

大脳の話――脳は一生成長を続ける

外側にあって一番面積を占めるものが、大脳皮質です。「考える脳」「人間脳」「論理脳」「理性脳」ともいわれます。神経細胞（ニューロン）が密集し、層がたたみ込まれてひだを形成しています。言葉・情操・思考・意思・創造など人間らしさを担います。進化の中で最も新しく形成され、ヒトにあって著しく大きくなりました。神経細胞数は、胎児の間に最大となり、その後不要な細胞が刈り取られ減ります。大脳は左右に半球の形状をし、間を脳梁という太い神経線維でつながります。大脳は頭の後から、後頭葉（視覚情報の処理）、側頭葉

（聴覚・言語・記憶・色・形の情報処理）、頭頂葉（感覚・空間・身体の情報処理）、前頭葉（思考・判断など中心的な情報処理）から成ります。後ろから前に成長が進み、前頭葉が完全に成熟するのは二〇〜二五歳と言われます。

表面の薄い皮質下には、神経線維を支えるグリア細胞が占めます。神経細胞に栄養を供給し、保護・修復を行うなどしています。皮質下のネットワークは、新生児の早期までに既に発達しているといわれ、乳児が生きていく上で働いていると考えられています。

神経ネットワークの成長は、より強化複雑化します。加齢とともに使わない回路はつながりが消えたり弱くなりますが、脳は一生成熟を続けます。

感受性期——神経ネットワークを大きく形成する

脳は、自発的な活動と環境からの刺激に応じて神経ネットワークがつながり、また組み替えが行われて成長します。この脳神経ネットワークが環境や経験・学習の刺激によって大きな影響を受け変わりやすい時期があり、それを「感受性期（臨界期）」と呼びます。五感や言語や運動などの神経ネットワークが関係します。この時期を越えると、神経ネットワークの形成が難しくなります。五感では聴覚は胎児の頃から始まり、「絶対音感」は三〜六歳ほどといわれます。視覚の視野・視力は、時間をかけて発達します。新生児のぼんやり・

明暗識別（視界三〇センチほど）から、八、九歳で状況を明確に摑めるようになります。楽器演奏の基本は、三〜一〇歳までに習得するのが望ましいようです。言葉に関しては、母語の習得の臨界期は、一二歳ごろまでと言われています。

小脳の話——学習機械として

大脳の後ろ下部にあるのが小脳です。重さにして大脳の一〇の一です。大脳が数百億に対し、一〇〇〇億の神経細胞があるといわれます。小脳は、体の平衡感覚と運動制御を担うとされてきました。一九八〇年代から、大脳と連動してあるいはバックアップする形で知覚情報の認知、言語、学習、記憶、注意力、行動、感情・情動・人格、認識力、計画立案力など高次な脳機能にも深く関与していることが報告されています。また時間感覚、リズム感、そして直観やひらめき、さらに統合失調症や自閉症といった精神疾患なども小脳が関与しています。

ヒトは、野山を駆けて暮らしてきました。見る・聞く・触れる・嗅ぐという五感を働かせ、周りの状況を判断し、瞬時に次の決断をして、狩りをしてきました。木や岩の向こうを予測し、距離・レベル差をはかり空間をつかみ、耳をそばだて、風・匂い・乾きを感じ、敵に対峙してきました。他の霊長類に比べて、大脳と同じように小脳を大型化させてきたヒトは、言葉や考えなど抽象的な分野でも、小脳を活用してきました。

何度も繰り返し覚えた身体の動きが、ある時から無意識にできます。外部との対応で内部モデルができ、あとは勝手に動く感じがします。計算や考えは脳の中のできごとですが、繰り返しで内部モデルができるといいます。学習機械とみなされています。おかれた状況を瞬時につかむ、一冊の本の内容を簡潔にくみ取る、相手の言うことや流れを的確に判断する、考えてきたことをすぐ引き出す、などは小脳が強く関与していると考えらえます。

小脳の臨界期は、ほぼ八、九歳までといわれます。マウスの実験から、ヒトへの類推年齢です。運動の基本を小学校低学年までに経験しないと、新たな運動を覚えるのに時間がかかります。頭の良さも小脳の働きが関与します。

大脳辺縁系の話――情動のフィルター

大脳の奥、下部には大脳辺縁系と大脳基底核があります。「情動脳」ともいわれる「感じる脳」の大脳辺縁系は、本能・情緒・記憶や自律神経に関係し、海馬、扁桃体、帯状回などの部位からなります。

海馬は、記憶に強くかかわります。いろいろな情報が短期記憶として蓄え、そのなかで重要と判断されるものを大脳皮質の各部位に長期記憶として保存されます。何歳までも使っていれば、衰えません。記憶に必要なものが、睡眠です。起きているときの膨大な情報が一時的に記録され、眠って新たな情報が遮断されるときに、必要な記憶が書き換えられ、また新しく記憶されます。夢は、その断片のイメージです。スポーツのような身体的なスキルも睡眠で確かな手続き記憶になります。

扁桃体は、怒り・恐れ・喜び・悲しみなど情動の学習・処理、好き嫌いや快不快を判断し、その度合いで記憶の強弱が変わります。深く感動したことや楽しい思い出は、長く記憶にとどまります。また、人の顔や表情を読み取る社会性にも関係しているといわれます。帯状回は、大脳辺縁系の各部位を結びつけ、行動の動機づけや情動・認知・空間認識に関与します。

大脳辺縁系は、「情動フィルター」の働きをします。辛かった失恋、田舎道で出くわした蛇の恐怖、畑でもぎとった完熟トマトのおいしさ、など生きていくのに重要な情報だけを長期記憶に留める仕組みが備わっていて、情報の取捨選択を決めています。無意識に情報に重みづけをしています。

大脳基底核の話——直観との関係

大脳基底核は、線条体・淡蒼球・視床下核・黒質などからなり、表情の動き、予測や期待の運動、運動の選択などの働きがあるとされます。最近、将棋のプロ棋士の直観をさぐる実験やサッカーで抜きんでた司令塔と呼ばれる選手の脳磁気共鳴画像実験が話題になりました。直観が働くとき、ともに大脳基底核が大きな活動がありました。大脳基底核は、生存のために必要で大切な経験を記憶しておく場所と考えられ、過去の積み重ねの経験が大きく関係します。また、日常生活で同じ行いを繰り返す習慣も基底核や小脳が関わっています。

脳幹の話――生命を維持する

脳の最深部、神経の幹線がはしる脊椎（背骨）に連なる位置に「原始脳」とも「生きるための脳」ともいわれる脳幹があります。間脳、中脳、橋と延髄とからなります。生命維持と種の保存（生殖）のために休みなく働いて、呼吸・心臓の動き・体温を調節するなどしています。

間脳の視床は、嗅覚を除く視覚・聴覚・体性感覚・味覚などの感覚を大脳皮質へ中継します。視床下部は自律機能と内分泌（ホルモン）の調節を行い、その一部の視交叉上核には概日リズム＝体内時計の中枢があります。視床下部に位置する脳下垂体は、内分泌器官で多くのホルモンを分泌し、左右の視床に挟まれる松果体は、概日リズムを調節するメラトニンを分泌します。

社会脳の話――自己を抑制する

一九九〇年にアメリカの生理学者ブラザーズが「社会脳」という言葉を使い、重要な部位として眼窩前頭皮質と側頭葉と扁桃体をあげました。眼窩前頭皮質は意思決定など認知処理・情動や報酬系・共感力と関わり、側頭葉は前後関係や状況判断など含めたコミュニケーションに関わり、扁桃体は好き嫌いや快不快の判断に関わっています。

種としてヒトの特質の一つに、社会をつくり社会に生きることがあります。脳は個人に固有のものですが、人とのつながりの上に働いています。脳の内に神経ネットワークがあるように、脳の外にも家族・コミュニティ・学校・会社・国・世界へとつながるネットワークがあります。人と環境と相互に関わり合う社会脳は、社会環境の変化、個人的なつきあい・行動範囲の拡がりと共にネットワークが拡がり、歳と共に発達します。

社会脳の発達は、生まれたときから始まります。乳児は、母親との一体感から徐々に独立していきます。母親は一〇〇％の庇護者から、生きることを手助けする存在へとなります。乳幼児は、ここで他者とのコミュニケーションを覚え、また思うままにはいかないことを知ります。共に生きる人とのやりとりで自己を抑えることを学びながら人格を形成し、やがて自立していきます。ヒトの社会性と自立には、コミュニケーションと自己抑制がとても重要です。

社会脳の重要部位とされる眼窩前頭皮質は、知性＝新皮質と情動＝辺縁系の間をコントロールして自己抑制力をもたらしているとされます。この眼窩前頭皮質の発達の臨界期は三歳までという指摘があります。この部位の発達が不十分だと、キレやすく、自己中心的で、思いやりがなく、コミュニケーション能力に乏しく、無気力で、注意力に欠ける傾向があるとされます。

一九九六年にイタリアの研究グループがサルの実験によりミラーニューロンを発見しました。相手の動きを見たときと自分が同じ動きをするときと同じ脳の場所の活動を記録しました。まねる・模倣するのです。ヒトにも適用され、他者の表情・行為・意図を推しはかったり、共感や学習にも関係しているとされます。非言語のコミュニケーションの一つです。社会性を得ていく背景の一つの可能性があります。

ヒトの脳の成長は、生命の進化そのものです。胎児の間に始まって、脳幹、大脳辺縁系・大脳基底部、小脳、大脳へと二〇～二五歳まで成長します。その後、神経ネットワークの強化や組み換えに伴い成熟します。成長に必要なものは、栄養(水・食べ物)、睡眠、光を始めとする五感への刺激、運動、人との触れ合い、ことば、そして体験と知的な学習です。環境からの刺激の時期も大切です。三歳・八歳・一二歳・二五歳前後が区切りと考えられます。一生必要なものは、変化・刺激（入力＝インプット）、いい経験に加えて好奇心、そして表出・表現（出力＝アウトプット）です。

住まいは、人が生まれ育ち、脳が育つ大きな環境です。一八歳までは、生活の半分以上を過ごします。そこで受け取る様々な刺激とそれに対する身体と脳を動かす応答は、脳の成長そのものです。住まいを脳の成長に合う形で整えることは、人の成長・成熟にとても重要です。

Ⅱ 「できる」を育む
住まいの９つのポイント

健康で前向きに生き甲斐をもって生きていくには、「身体と心と思考」・「脳」の健全さ、そして成長・成熟が要ります。生きていく基盤となる健康、成長・成熟の二つの鍵、起ちあがる力の背景となる四つの面から、「『できる』を育む住まい」のつくりは、九つのポイントがあります。

まず、一生を通して何より健康が大事です。適度な食事・睡眠・運動が大前提になります。心身の生体リズムに沿った生活習慣を身につけ、元気で前向きな気持ちをもって活動し、熟睡できる住環境がぜひ欲しいものです。〈心身のリズム・健康〉の面から、1――朝の光をくまなく巡らし、大きな朝を迎えるつくり、2――快眠を誘い、深い夜をすごすつくり、にします。

次に、子どもの成長とその後の成熟に大事なことです。胎児・乳児・幼児・子どもの若い脳は、好奇心旺盛で五感への刺激をいっぱい求めます。そして「人ともの」に共感し、コミュニケーションをとり始め、ことばを覚えて自立し、青年・成年へと成熟していきます。〈感性と知性の基と自立・成長〉の面から、3――動きのあるもの・生きものを傍らに置き、五感を誘うつくり、4――ことばと個人の世界が拡がるつくり、にします。

もう一つ、やはり子どもの成長とその後の成熟に大事なことです。身体運動と空間認識の体験があります。自然の中での視覚・聴覚など五感を使って空間を知覚し、状況を的確に摑んで筋肉に指令をだす遊びや運動は、神経ネットワークを発達させ、スポーツと学力の基になります。いろいろな動きと多様な空間経験は、脳を活性化します。小さな変化の多様性のある住環境や住まいのつくりが望まれます。〈運動制御と空間認識〉の面から、5――床レベルに差を設けて、たて動きをするつくり、6――楽しい上下移動を伴う階段を主空間に設けるつくり、7――いろいろな天井高があって伸びやかな吹き抜けのあるつくり、にします。

そして住まいは、家族が日々起ちあがっていくために、暮らしの中心となる場と個の場があることが大事です。家族みんなが一緒になって楽しみ、疲れやストレスを解消し、心身が再生し、明日の創意工夫がひらめくようにしたいものです。かつて民家にあった囲炉裏は、とても優れた装置でした。五感を刺激し、家族が集う、安らぎの中心でした。また、一人一人の私的なくつろぐ空間も大事です。緊張を解きほぐす、ゆるむ時間、ほっとする癒しの空間が要ります。〈暮らしの中心となる場と一人一人がゆるむ場〉の面から、8――感覚刺激に溢れ、家族が集うつくり、9――お気に入りの場、ゆるむ空間のあるつくり、にします。

住まいは、二五年から三五年で家族の周期が進みます。生を受け、遊び・学び・働き、結婚し・育て・養い、巣立ち・見守る、といったサイクルです。三〇年前後でくり返し、住まいの空間やつくりが、改めて生きてきます。遠くをみながら、以上の九つのポイントを取り込むことで、「『できる』を育む住まい」が実現します。

［心身のリズム・健康――1］

1　大きな朝を迎える　朝の光をくまなく巡らす

朝は、一日のスタートです。東の空が白み、光は灰色から白色に、さらに青色に感じます。朝の太陽の光は、身体と脳に二つの意味でとても重要です。

一つは、朝の光は身体の生体リズムを整え、健康な生活習慣づけの第一歩です。人の体内時計はほぼ二五時間のリズムと言われます。これを二四時間に修正するのが毎朝の光の刺激で、体内時計をリセットします。スイッチが入り一日が始まる日周（概日・サーカディアン）リズムです。朝の光をいっぱい浴びることによって、身体が動き始めます。

もう一つは、朝の光で神経伝達物質セロトニン（心身や自律神経を調節する）の分泌量が増えます。遠く東の空から登る直射光と散乱光に反応します。ストレス解消や美容にもいいホルモンと言われるセロトニンで、元気・やる気が起きてきます。

眠気がさめず愚図っていた時に母の背中で庭を巡りながら目覚めた幼児の思い出、気が重い朝に明るい窓や射し込む朝日に和む子どもの頃が思い起こされます。東の朝の光を日々浴びる暮らしがとても重要です。

①朝の光の特徴…季節と方位・高度・日射量

日の出の時間は、意外と幅があります。日本のヘソ＝人口重心（二〇一〇年国勢調査：岐阜県関市／北緯三五・五九度、東経一三七・〇三度、標高五七メートル）で見てみます。日の出は、最も早いのが夏至の一週間ほど前の四時三四分、最も遅いのが冬至から半月後の七時〇〇分で、二時間二六分違います。日の出とともに起きるという生活は、実際には難しそうです。真冬に日の出に合わせて起きて、きちんと朝食をとっていたら、学校・会社に遅刻しかねません。夏季には、早寝の習慣がないと寝不足になります。

日の出方向も幅があります。夏至近くは、真東から北へ三〇・二度、冬至近くは南へ二八・四度で、春分・秋分はほぼ真東です。約六〇度の間を行ったり来たりします。朝の太陽の向き・影の向きが随分違います。南中時の一番高い太陽高度は、夏至で七七・八度、冬至で三一度です。真南に向って立つと太陽の動きは、夏は東後方から昇り頭上から西後方に沈み、冬は東前方から昇り南方から西前方に沈む感じです。

光は、明るさと共に熱エネルギーをもたらします。住まいの中では夏季の熱射は避けたく、冬季は導入したいものです。建築では、屋根と壁で日射＝熱射を受け止めます。夏季

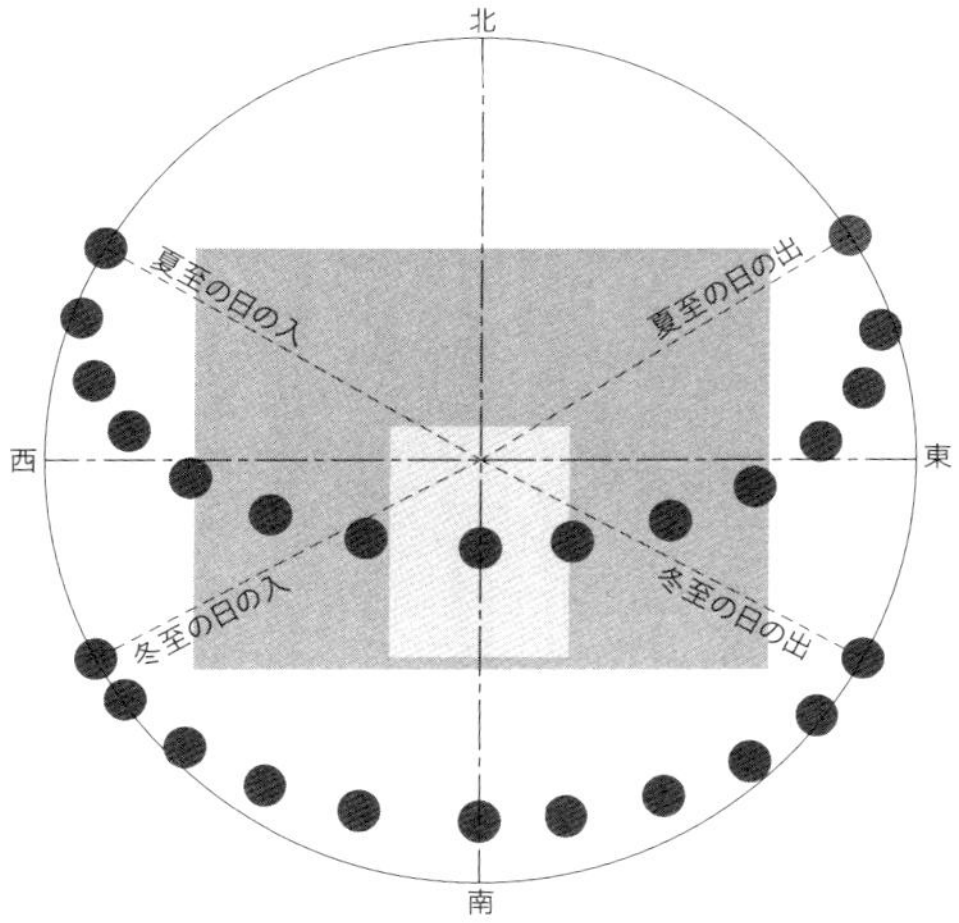

冬至と夏至の太陽の動き
冬至と夏至では太陽の動きが大きく違います。冬至には南方を低く弧を描き、夏至には頭上をかすめます。

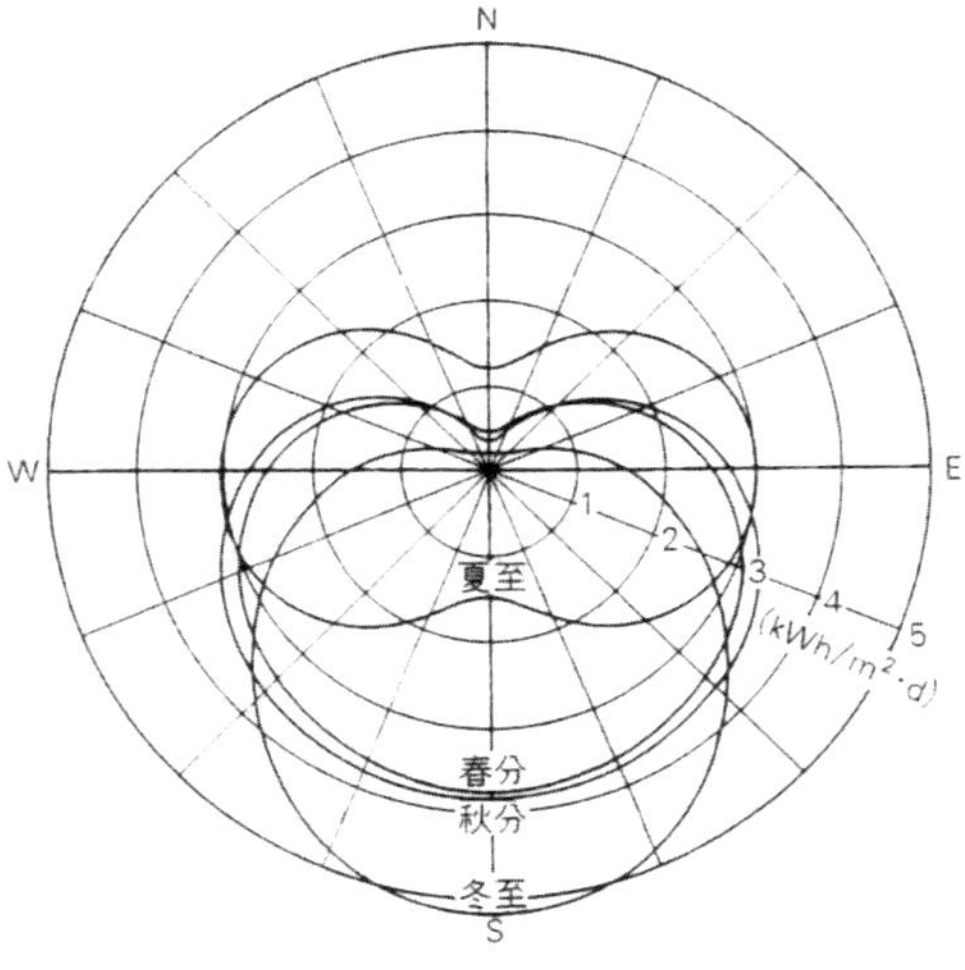

東京地域における各方位の壁面の一日総受熱量（「建築設計資料集成 環境1」より）
冬季の南方の日差しは本当に温かい、夏季には東西から熱射が厳しい。

の東西窓から入る太陽は、とても暑いことは実感します。南中時に最大になる水平面の熱射量（屋根で受ける）は、夏至に最大となり、冬至はその半分近くになります。垂直面の日射量（窓・壁で受ける）は、太陽高度の低い秋分〜冬至〜春分にかけ南東から南西面（冬至の南が最大）が、ついで夏至の東と西面が多くなります。夏至で南面は少なく、北面にもあります。

②朝の光の誘導と遮蔽

一日が始まる台所・食堂と目覚める寝室には朝の光をくまなく導入します。まぶしさはレースやブラインドで調整し、たっぷり陽を浴びます。問題となるのが、熱線です。夏期の陽射しは、朝夕とも強烈です。東の遮蔽物がないとき東窓を大きく採ると、朝からとても暑くなってしまいます。熱線防止には、熱線反射ガラス、レース・ブラインド、窓外の格子・ルーバーや植栽を使います。

日射は、直射日光と大気の分子や雲粒で乱反射された散乱光から成ります。夏期の日射は強く、朝の散乱光だけでも明るく、四方の窓から導入できます。東の窓は、直射日光を避けるようにします。冬期は日射が弱く、直射日光がとても大事になります。朝の光は東の窓が主となり、東南東から東南の直射日光を採り入れる工夫をします。

小屋裏東面の高窓より２階ホールに朝の光を導入

朝の東の陽を導入するには高い妻面の窓がよく、天窓も適します。

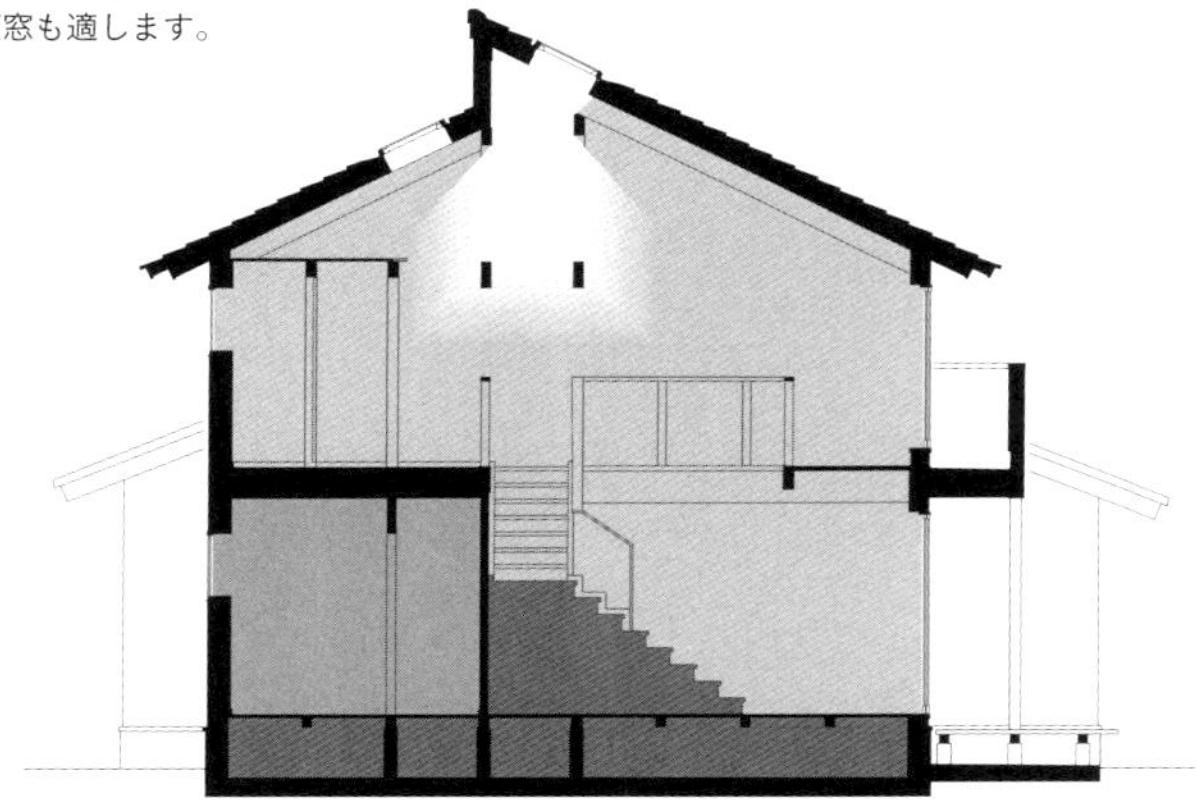

③優先したい部屋

間取りで最優先したいのが、朝一番で身体を動かし、頭を働かせ始める台所と朝ご飯の場です。主婦（主夫）の場＝台所は、東側が一番です。お母さんの明るさが家庭には欠かせません。みんなが顔を合わせて集う食堂は、一階の東面か東南のコーナーがベストです。朝の光の力と朝ご飯の力を得て、学校や職場へ向かいます。敷地の東を少し空け落葉樹を植えると夏は木漏れ日が、冬は直射光が射します。

東と南が建て詰まっている場合、二階の東に台所・食堂が考えられます（将来的には一階にはサブキッチンと水回りが要ります）。高断熱高気密住宅で給湯があればどこでもいいようですが、家族みんなが朝の光を浴びてセロトニンをいっぱい分泌して、明るく元気な一日を始めます。

④朝の光の寝室への誘導

朝の光を浴びて目覚めるのは気持ちいいものです。東の窓は、強すぎる直射光の夏期には遮熱ガラスやカーテンでの調整が要ります。秋から春にかけては、直射日光が弱くなり、日の出が遅くなります。北や北西や西の部屋は、朝日が入りません。寝室は、西と北西に採ることもよくあります。冬期にここに朝の光を導入するには、吹き抜けや二階ホールに天窓を、小屋裏の妻壁の棟近くに高窓を設けて採り入れます。高みからの朝の光が二階ホール・抜き抜けに充満します。北や西の部屋の東や南の屋内窓やドアの欄間から間接的に入れます。ホールに出た時や吹き抜けの階段を下りる時にも、朝を感じます。あるいは寝室自体に天窓や高窓を採用します。

⑤密集地での朝の光の導入

東西が建て詰まった住まい、東に三階建て以上の大きな建物がある場合、東の直射日光は望めません。秋から春にかけて南東の光を期待して南や東南に食堂を設けます。吹き抜け上部の高窓や天窓を介しての導入もあります。二階寝室は、天窓や高窓から導入します。

Column

朝の始まり

日本列島は南北に長い。日の出時間にも幅があります。最北端の稚内市では、日の出が最も早いのは夏至近くの3時43分、最も遅いのが冬至を過ぎた半月後の7時12分です。最南端の波照間島では、5時56分と7時30分です。夏の方が、時間差が大きいのです。

朝は日の出に始まるのではなく、もう少し早めに明るくなります。国立天文台の説明では、日の出前や日の入り後の、空がうす明るい状態を「薄明」と呼びます。戸外での作業に差し支えない程度の明るさを市民薄明（常用薄明）といいます。人が識別できます。この時間は約30分です。日本列島の中緯度帯では、夏至近くに4時過ぎから、冬至過ぎには6時半過ぎに空が白々としてきます。

「早起きは三文の徳」といわれます。江戸時代の灯りは行灯と蠟燭で、貴重品でした。庶民は松脂を燃やすか、囲炉裏の灯りの元に過ごしたのでしょう。夜明けとともに活動するのが、無駄なく有効に1日を暮らせたのです。現代では、生体リズム・健康と脳のために、早起きの活動はさらに大切になっています。

脳科学的にみると

概日リズムとセロトニン

生物のほとんどは、約二四時間周期で変動する生理現象を持ちます。概日リズム（サーカディアン・リズム）、あるいは体内時計といいます。体内時計は、睡眠と覚醒のサイクル、ホルモン分泌、体温と血圧の調節、代謝の制御など生理機能を担っています。内在性のものですが、外からの刺激により修正されます。同調させる中心的な役割は、間脳にある視床下部の視交叉上核が担うと考えられています。視交叉上核は、網膜から受け取った光の情報をもとに概日リズムを発振しているとされます。太陽の恵み、光が身体を整えています。その異常は、睡眠障害、生活習慣病や精神疾患などにかかわります。

脳の情報伝達は、電気信号と化学物質が果たします。化学物質は、神経伝達物質といい、五〇種類以上確認されています。その中でセロトニンは、ノルアドレナリンやドーパミンと並んで、体内で特に重要な役割を果たしているモノアミン類です。必須アミノ酸のトリプトファンから合成され、さらに睡眠と関連するメラトニンに合成されます。

セロトニンは、「幸せホルモン」とも呼ばれます。覚醒状態の維持など概日リズムにかかわり、感情をコントロールし精神を安定させる働きがあります。不足するとうつ病・統合失調症など精神疾患に関与します。

セロトニンは、朝の太陽光で活性化し、またリズム性運動で興奮します。朝起きたら陽光をいっぱい浴びるのが一番です。また、朝日を浴びながらウォーキングや階段の上り下りなど運動、よく噛んで朝ご飯を食べるという咀嚼運動（トリプトファンや炭水化物を摂取）、腹筋を使った意識的な呼吸（腹式呼吸）をする、などのことを生活習慣化するのが望まれます。

朝は、自律神経が副交感神経から交感神経に切り替わります。運動をするなど体をよく活動させる時に働く神経が交感神経で、ノルアドレナンとドーパミンが分泌されます。ノルアドレナンは意欲・集中力・積極性に、ドーパミンは行動の動機付けや学習強化に働きます。朝のリズミカルな運動は、セロトニン・ノルアドレナリン・ドーパミンを同時に増やし、一日のやる気や集中力をもたらします。

2 深い夜をすごす くつろぎ、快眠を誘う

夕方に近づくと太陽光は、黄・橙色から赤・紺・紫色に感じられ、やがて薄暗くなります。夜の帳が灯りの下に親密な空間をもたらし、住まいは昼間の活動性からくつろぐ時に移行します。家事や宿題などがありますが、夜は休息し心身をリフレッシュします。

朝は早起きの場合に運動や勉強・仕事をできますが、どちらかと言えば一日の準備という感じがします。夕方から真っ暗な夜への移行時間は、季節により雰囲気がまるで違います。冬季は足早に暮れて夕食の灯りが赤々とし、夏季は食堂の向きによっては沈む夕日を浴びながら、となります。食後までは巡る季節を楽しめる時間帯です。

夜一番大事なことは、睡眠です。朝の光の刺激を受けてから約一五時間が経過すると神経伝達物質メラトニンが分泌され、眠気が生じます。深い眠りのためには、朝の陽射しからお昼のまで光を十分浴びます。セロトニンがたくさん分泌され、比例して夜メラトニンが多く分泌されます。

良質な眠りは、身体の健康維持と脳の働きにとても重要です。脳はすべてが眠るわけではありません。夢をみながら体験を整理して記憶を定着したり、辛いことや哀しみを癒したり、密かに休みなく働いています。不適切な眠りは、イライラ・不安をもたらし病気のリスクを高めます。認知症予防や美容のためにも適切な睡眠は大切です。

次にくつろぎ、快適な深い眠りのための住まいの条件をあげます。

① 静けさ

木造の家は構造材・仕上げ材とも重い材料は多くないので、外部の低い音・大きな音は屋内まで届きます。また振動を伴う音も基礎を通して届きます。が、概して高断熱高気密住宅は気密性・遮音性が高く、従来の住宅に比べると屋内は静かになります。

屋内仕上げの柔らかな材料や多孔質な材料は吸音性が良く、木や土壁などは屋内の音を幾分でも和らげます。床に物を落とす音や歩き跳ねる音は振動を伴うので、木造の二階床は遮音材や重い材料を挟むと音は軽減されます。家族が発生させる生活音は、気遣いが要ります。

睡眠時間帯では、危険な異常音と家族の異変には反応して起き上がることはありますが、特に静けさは必須です。

②適度な温度

起きているときは、地域差・個人差はありますが、夏で二四～二六℃、冬で一八～二〇℃ほどでしょうか。夏は除湿を十分にすれば、二℃ほど上がります。

快適な眠りの温度は、個人差はありますが、夏で二六～二八℃、冬で一六～一八℃ほどです。高齢になるとその温度が数度上がるようです。高断熱高気密住宅で蓄熱性の高い住宅は、温度をほぼ一定に保つことができます。夏は寝汗をかかない程度の薄着で、冬は厚着することなく布団もかけ過ぎないよう（布団の内部の適温は三二～三四℃と言われます）にします。軽装の方が身体は楽でゆったりします。

人は、発熱体でもあります。建築基準法で二四時間換気が義務づけられていますので熱気は排出されます。換気扇を切って出かけた旅行後のスイッチの入れ忘れやいつも以上の人数で寝るときは、注意が要ります。また住まい全体の空気を循環させることで、温度差を抑えることができます。

③適度な湿度

快適な湿度は、乾燥しすぎず多湿にならない四〇～六〇％です。梅雨や高温高湿の夏期は、除湿に配慮します。冬期は乾燥気味で、二〇％以下では喉を痛めやすくなります。湿

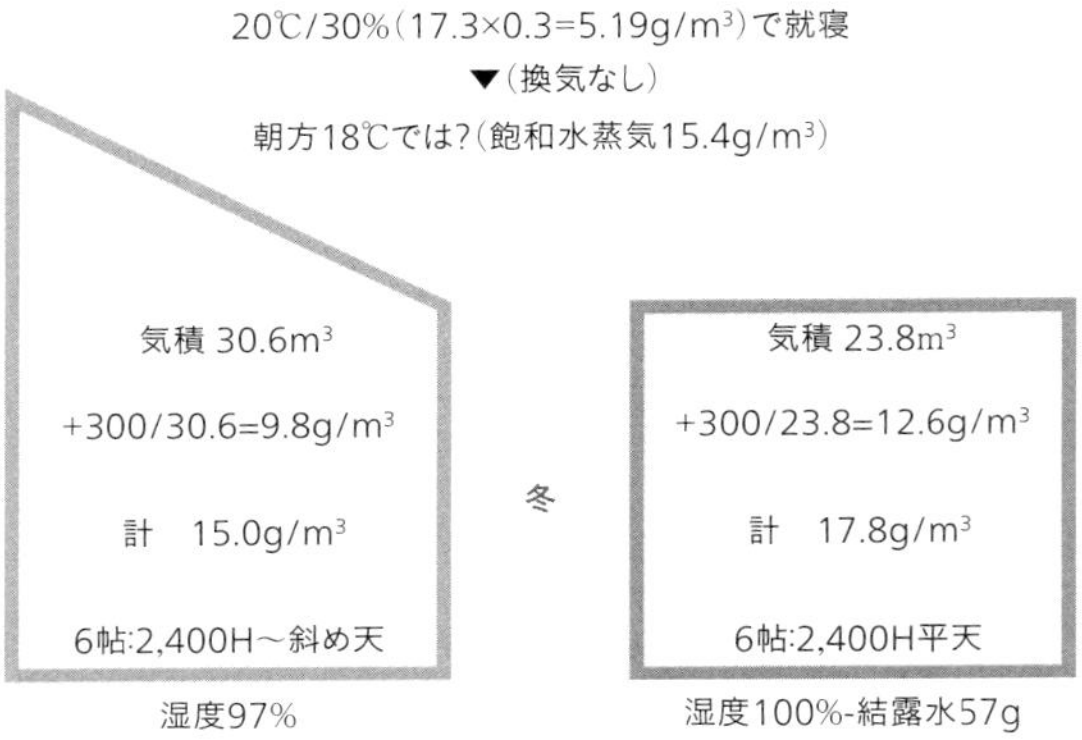

冬に個室で8時間閉め切ると一人あたり300gの水分が放出される
部屋の容積＝気積が小さいと気体として保てる水分総量が小さく、結露しやすい。

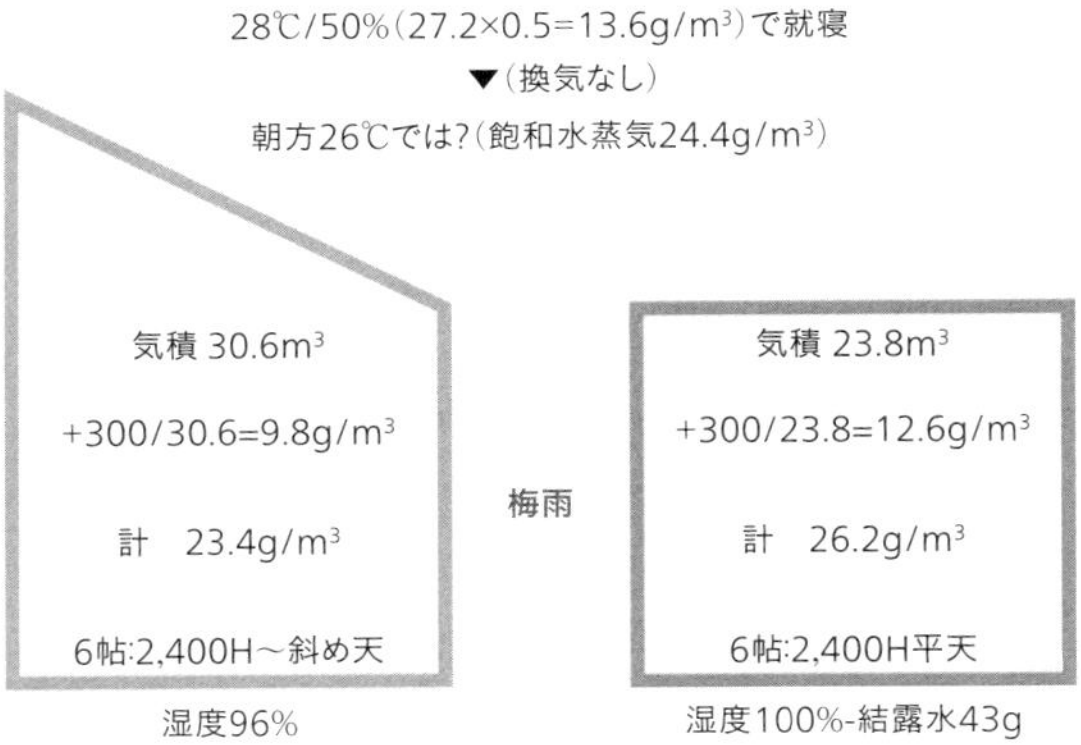

梅雨に個室で8時間閉め切ると
睡眠中エアコン除湿を続ければ快適ですが、就寝時に切ると部屋の容積によっては汗をかきやすく、また結露します。

度八〇％以上では結露やカビ発生しやすくなります。

睡眠中では湿度に関して意外な盲点があります。人が発する水分です。「不感蒸泄」といって、非運動時に皮膚と呼気から無自覚に失われる水分が一人当たり一日九〇〇㎖ありま す。就寝前後八時間部屋を閉め切れば、一晩で三〇〇㎖の水分が部屋に放出されます。冬期の場合、換気が不十分で部屋の容積が小さいと結露します。夏期の場合、湿気っぽくてエアコンで除湿してしのぎますが、エアコンなしで部屋の容積が小さいと汗をかきやすくなります。現在は二四時間換気が義務づけられています。が、単純な換気では冬期には冷たい空気が入り込み乾燥気味になり、夏期は暑い湿っぽい空気が入り込みます。

対策として、扉を引き戸やガラリ・欄間付ドアとし、ホール・廊下など屋内に一部を開放し空気循環をします。気積（空気の総量＝容積＝床面積×天井高）として一つの大きな空間として、全体で換気・調湿・保温をします。また、建築材料は吸放湿力の大きなものを選びます。仕上げ面を膜で覆う塗装フローリング合板やビニールクロスは調湿しませんので、木・土など自然素材を現しでうまく活かします。

④光のコントロール

暗くなり眠りを誘うメラトニンが分泌される時間に強い昼光を浴びると、メラトニン分

暗闇が深くなる夕方
朝が白々とする時間と同様、夕闇が訪れ深くなる時間はとても豊かです。

泌が抑制されます。夜の照明は、昼光色や昼白色の蛍光灯は避けます。夕食後の憩うときや休息には、波長の長い暖色系の照明にします。温もりある優しい灯りなら白熱灯です。省エネを配慮するなら蛍光灯の電球色、そしてＬＥＤの電球色にします。就寝前は、明るさそのものを落とします。間接照明や部分照明にして、柔らかな雰囲気にします。調光スイッチも有効です。テレビ・パソコン・スマートフォンや車の運転など明るいものを凝視するのは避け、リラックスする時間をとります。

眠りに就くときは、灯りを全部消しほぼ真っ暗にします。豆電球も避けます。習慣上、薄明かりが欲しい場合、足元の微弱な灯りにします。

⑤寝る前に灯りを落として憩う

「暗闇効果」と呼ばれる心理学の用語があります。暗闇では、不安感や秘密性があって、一体感を生み、こころを開きやすくなる・親密性が増すという心理傾向をさします。闇が距離の障害をはずします。星空が近くに見えます。キャンプファイヤーや花火大会が一体感をもたらします。人と人の間の壁が消えるように感じます。

住まいにあっても、薄暗さ・暗闇は大事です。うち解けた話が弾み、悩みとか秘密を聞く雰囲気がかもされます。また寝る前の一時、ゆったりくつろぐ時、もの思いにゆるむ時は、伸びやかな落ち着きが欲しいものです。暗闇につつまれたロウソクの灯りを傍らに、一人で、二人で、家族で楽しみます。特に小屋裏までの吹き抜けがつくる深い闇は魅力的です。

Column

夕暮れから夜へ

夜から朝へ、昼から夜への切り替えの時間は、とても変化に富み表情が豊かです。朝焼けと夕暮れの景色は美しいものです。太陽が沈む残照は、秋から春にかけ愛おしく、春から秋にかけては鮮やかです。夜の帳がすっかり降りるまでの夕暮れを楽しみたいものです。

日の入り時間を見てみます。日本のヘソで最も遅いのが夏至の1週間後ほどで19時13分、最も早いのが冬至の半月ほど前で16時40分です。昼が最も長いのが夏至で14時間38分(夜9時間22分)、最も短いのが冬至の9時間51分(夜14時間9分)です。夏至と冬至では、4時間47分の違いがあります。日の出前・日の入り後の市民薄明(常用薄明)の30分間程度を加えると昼間が1時間ほど長くなります。

秋から春にかけては寒さもあり屋内で朝夕を過ごすことが多く、朝日・夕陽の屋内への導入を計ります。春から秋にかけては外で過ごしやすく、アウトドアリビングや庭を工夫します。

夜の雰囲気をつくる大事なものに灯りがあります。照明器具の他に、蛍の光や窓の雪は現実的ではありませんが、月の光、星の光、ローソク、薪ストーブ・ペレットストーブは変化のある仄かな灯りです。暮らしに潤いをもたらします。

脳科学的にみると　睡眠

ぼんやりしているときや睡眠中は、脳は休んではいません。デフォルト・モード・ネットワーク(DMN)という脳の基底状態の活動が報告されています。ワシントン大学のM・E・レイクルさんは、次のように述べています[★1]。

〝最近の脳機能イメージング研究によって驚くべき事実が明らかになった。何もしないでぼんやりしている時でも、脳では非常に重要な活動が営まれているのだ。

椅子に座って空想にひたっている時、ベッドで眠っている時、手術で麻酔をかけられている時など、安静状態でも脳のさまざまな領域は互いに交信している。脳の「基底状態」ともいえるこの交信に費やされるエネルギーは、うっとうしいハエを追い払うなど、外的刺激への意識的な反応に使われるエネルギーの二〇倍にも達する。食事の席に着く、話をするなど、意識的な行動をする時は、脳の基底状態から一時的に離れているに過ぎない。

…DMNは複数の脳領域からなるネットワークで、脳内のさまざまな神経活動を同調させている。正確な役割はまだわかっていないが、これから起こりうる出来事に備えるため、脳の記憶系やほかのシステムを統括し調整しているようだ。〟

また、脳は生きていくために無意識と意識できる記憶の蓄積総体である仮想自己イメージを持っています。「マインドセット」ともよばれ、経験・学習・時代背景・個性などからなる自分自身の考え方・思想・信念をいい、多くは睡眠中に日々更新されています。ジャーナリストのアンドレア・ロックさんは、次のよう述べています［★2］。

〝夢を見ているときの脳画像研究で、感情をつかさどり、強い感情記憶を蓄える指令センターである辺縁系が、夢のショーの演出家であることがわかってきた。これまでの研究で明らかなように、夢はさまざまな脳の重層的に織りなすストーリーであり、イメージである。夢を見ている間、脳は遺伝子に組み込まれた生存に必要な行動のリハーサルを行っている。と同時に、その日の出来事を振り返り、新しい重要な情報を記憶のデータベースに蓄えられた情報と統合し、世界はどういうもので、そこに自分はどう対応するかという、私たちの世界観と自己イメージを更新している。また、夢を見ている間は、脳の感情中枢が運転席に座る。つまり、処理するために選ばれる最も重要な記憶は感情の記憶、すなわち不安、喪失感、傷ついた自尊心、肉体的・心理的なトラウマなどである。〟

睡眠は、眠りの深さにより四段階あります。一番浅い眠りをレム（高速眼球運動＝Rapid Eye Movement）睡眠、一番深い眠りをノンレム睡眠といい、ほぼ九〇分周期で繰り返します。レム睡眠は、一回一〇～三〇分で夢を見ています。夢みることは、起きて思い出すことがほとんどできなくても、とても大事です。夢の役割は、いろいろあります。生存のためのリハーサルを行う、喜怒哀楽や新しい知識や身体体験の記憶を整理・統合して長期に定着する、心の辛いことや哀しみを癒す、イメージの断片をうまくストーリーにする、自由な連想からアイデアを創造する、などです。睡眠は、身体を横たえて重力から解放して骨格と筋肉を休める、と同時に生きていくための脳の再生をしています。

睡眠には、神経伝達物質のメラトニンが大きく関与します。メラトニンは、体温調整をして、副交感神経を優位にして気持ちを落ち着かせ、呼吸・脈拍や血圧を低くします。眠りを誘います。朝光を浴びてから一五時間ほどで、トリプトファンからセロトニンを経て体内合成されます。

概日リズムを刻むメラトニンは、深部体温を調節します。夜の一〇時過ぎから体温が下がり始め、朝の五・六時に下がりきり、また徐々に上がり夕方過ぎに最高を示します。活動的な日中はエネルギーになる熱が発生し、横になって身体を休ませるときには体内温度が下がります。

眠りにつく一時間ほど前から、手足に流れる血液の量が増え始め手足の温度が上昇します。熱を末端の手足に運び、体外に捨て体の内部を冷やします。一日の体温は、体内時計とエネルギー代謝・放熱によって調節されます。

体温の動きは、睡眠が深いほど大きく低下します。夜は昼間と違い非活動的で身体が休息状態にあることと、睡眠自体が体温を低下させるようです。これは特に脳を冷やしている状態です。深い眠りのノンレム睡眠や徐波睡眠では、体温の低下が大きくなります。

睡眠の働きは正確にはまだ未解明です。睡眠中は放熱し体温を下げることでさまざまな神経活動を支えているようです。

睡眠の環境は、熱・汗・呼気が発散しやすいことが求められます。寒過ぎず、暖か過ぎず、快適な空気循環が要ります。

★1＝「浮かび上がる脳の影の活動」（『日経サイエンス二〇一〇年六月号』三四〜三五ページ）。

★2＝『脳は眠らない』一九〇ページ（２００６、ランダムハウス講談社）

3 五感を誘う 動きのあるもの・生きものが傍らに

住まいは、建築が完成したときから命を持ちます。建築自体は使うほどに熟成し味わいを深める一方、徐々に長い時間をかけて老朽化します。強度や使い勝手・断熱性など機能とは別に、五感を包む雰囲気・住環境の情報に変化が欲しいものです。

完成時の住まいが素敵であっても慣れてくると、単なる生活の場になってしまいます。人の感覚は、慣れてくると反応しなくなります。脳は、刺激や変化を求めます。神経ネットワークは、好奇心や刺激でいつまでも成熟します。暮らしの新鮮さは、五感情報に変化をもたらす住まいなら提供できます。発見の喜びや楽しい雰囲気は、気持ちを前向きにします。形や素材や空間は不動であっても、生活のなかの微妙な変化が生活に潤いをもたらします。目に見える変化を採り入れて住まいが息づくのは、つくるときの思いと住み手の働きかけです。動きのある自然を取り込み、生命力あるものを傍らに置くことです。

上／2階ホールの上のキャットウォークの光
高窓からの光が格子天井から漏れて2階ファミリールームへ、さらに1階居間・玄関に注ぎます。

窓の形状と位置で切り取る景色が違う
賢い脳は樹木の一部から全体をイメージできますが、縁どられる部分はそれぞれの姿を提供します。

①太陽光と陰影

光は、人間の周日リズム（眠りと寝覚め、体温の上下、ホルモン濃度や代謝率の調整など）をもたらし、脳の機能を適切に保っています。生命が拠ってたつところです。

住まいへの日光の導入は、どこも一律に明るいほどいいわけではありません。光は窓から採ります。窓の形・大きさ、位置と高さ、ガラスやカーテンの種類、外の庇の有無などにより、見えるものや明るさが違ってきます。使い易さでいうと、引き違いの掃き出し窓や腰窓が一番です。思いがけない陰影や景色に出合うのは、地窓や高窓や天窓です。特に天井の高い吹き抜け空間の高みからからの光は、千変万化します。

太陽光は、屋根で発電と温水に利用され、屋内へは明るさ・熱をもたらします。日々時間により、角度・方向・強さを変えて射し込みます。夜明けと夕暮れのしだいに変わる様は感動的です。また空模様と季節を強く感じます。陰影は、柔らかな表情から濃いコントラストまで移ろいます。上方からの光は、彼方からのメッセージに思えます。また住まいの外部のつくりや樹木は、陰影の模様を多様にします。

②緑の恵みと空の動き

野原や森、山など緑の自然を眺めると、気持ちがやすらぎ、また集中力が高まることが示されています。窓から庭の茂る緑が風にそよぎ、空の動きがわかるのは、心地よく感じられます。樹木一本でも、窓の形による額縁効果で見え方が違います。個室それぞれからの緑の景色が難しい場合でも、居間・食堂からの眺めは確保したいものです。

樹木の種類は好みです。一年を通して季節毎に姿・色が変化し陽射しを調節する落葉樹、微妙に緑の色合いが変わる常緑樹、花をつける木、実をつける果樹、香りを放つ木といった樹種や、高さ・樹形、優しい木・力強い木など選択自由です。地表には草花やグランドカバーが季節を彩ります。出かける時・帰る時に眺め、庭で一時を過ごし、窓越しに見る緑の恵みは、暮らしの潤滑油です。

また窓から見える空は、空模様と季節を知らせてくれます。青味の程度や深さを変える空、形を変え流れる雲、朝焼け・夕焼け、月の満ち欠け、星空が見えます。そして、窓越しに曇天、雨風の強弱、霜雪など、外の様子を知ります。

③窓を開ければ

省エネルギー住宅では、真夏と真冬には窓を閉めてしまうので、温度・湿気・風が外部と遮断気味になります。新鮮な空気の採り入れは、二四時間換気で行います。春・秋や夏の朝夕、冬の日中には窓を開けて開放的な暮らしがあります。自然の四季の移り変わりを感じます。

窓を開ければ、風が吹き抜け・舞い、屋内をリフレッシュします。早春の乾いたまだ冷たい空気、暖かな春爛漫の風、新緑の清清しい風、湿気っぽい肌にまとわりつく梅雨の風、木陰から抜ける汗を拭う風、もの憂い晩夏の午後の風、さわやかな初秋の涼風、深い空に誘われそうな秋風、木の葉が舞う身が引き締まる風、小春日の気がゆるむ穏やかな風、木枯らし舞う肌を刺す北風、など全身で感じます。

香りが運ばれてきます。風が遠くのかすかな匂いを連れてきます。梅・沈丁花・バラ・金木犀といった香る花や木は、季節そのものです。

音は遠慮がないところがあります。夏の雷に身をかがめ、春・秋・冬の雷鳴に驚き、強雨・強風に耳をとられることがあります。街中では自動車の音が気になります。おだやかな日に窓を開ければ、雀や雲雀、ときには鶯のさえずりが届きます。夏から秋にかけては蟬やコオロギや鈴虫の音が響きます。近所の犬・猫が鳴くのが聞こえます。郊外で農地や山の近くなら、キジや狐やカエルの声が聞こえてくることもあります。

④直に触れるものは自然素材

生まれたばかりの赤ちゃんは、持って生まれた感覚と口を中心とする顔面と手足の動きで自分の世界を広めていきます。乳児がハイハイする頃には、何でも舐めて確かめます。床材や床近くの素材は、自然素材に限ります。匂い、吸湿感や温もりや柔らかさといった自然の感触が五感を刺激します。日本の住まいは、もともと木（柱・梁、床・壁・天井の板）、土（土間の叩き・土壁・瓦）、紙（障子・襖）、植物（畳表・藁・茅・葦など）の材料でつくられてきました。高温多湿の風土と産出する材料で選んできたのですが、柔らかな触感を好んだのでしょう。小さい頃に覚えた感覚は、大人になっても好ましく安らぎを感じます。

地域で産出する自然素材は、吸放湿・蓄熱・保温性に優れ、柔らかく加工性が良く、これからも住まいの建築素材としてもっとも適しています。特に住まいの主要な構造材や仕上げ材となる木材は、隠すことなく見える形で使いたいものです。断熱については、床下は屋内となるような基礎で、外壁は外張り（＋自然系断熱材の柱間充填）で、屋根は屋根下地で行うと木が生きてきます。素材を現しに使い、健康的な暮らしを包み込み、CO_2の発生を抑え、省エネ住宅に欠かせない材料です。

⑤内と外が互いに入り込む

住まいの姿・形は、とても重要です。街並みの中で、風景としてずっと残ります。街路樹や庭木のなかで溶け込むにしても、塊として大きな存在を示します。住まいが街に対して魅力的なたたずまいであり、何より住む人が誇らしく思え、街に向けて表情を持ちたいものです。閉鎖的ではなくて、暮らしぶりが感じられるのが好ましい風情です。

住まいは、境界に生垣・フェンス・塀があり、庭に囲まれます。住まいには付属して半戸外の空間があると、外からも内からも魅力が増します。例えば、軒のついたポーチやテラス、ウッドデッキや濡れ縁、柱で支えられた屋根付の四阿《あずまや》（軽食・作業・物干しなどに使用）を設けます。雨を避け、夏には陽射しを遮り、冬には奥まで陽射しが入ります。

住まいの内からみると、大きな窓から庭の様子が飛び込み、庭がより身近になります。開放的にすることで、より四季を楽しめます。屋内の暮らしが庭に拡がります。庭がアウトドア・リビングになり、食事や家事にも使えます。

住まいの外からみると、半戸外空間が緩衝帯となり、暮らしの表情が出ると同時にプライバシーの保護になります。外観の陰影が濃くなり、住まいに深みが増します。

Column

敷地の大きさと自然の取り込み

敷地が狭い場合、駐車場を1・2台確保し、玄関ポーチをとり、物置を置くと、生垣と数本の樹木の緑ということになります。庭の奥行きがなくなり、内外空間の相互貫入が貧しくなります。間口が狭く奥に長い敷地の古い街並みの民家では、軒先の格子・簾・犬矢来や通り庭や坪庭を生かしてきました。大小の建物が混在して、狭くても上手な敷地割りや建て方のルールのない今日、活用できる自然は太陽と風となります。敷地が狭くなるほど、住まいそのものや外回りの工夫が重要になります。

季節感や雰囲気は、什器・備品などインテリアによっても変化が感じられます。食器類やテーブルクロス、家具やカーテン、絵やテキスタイル・カーペット、飾り物などの入れ替え・模様替えなどをします。生命エネルギーの身近な存在として、鉢植えのプランター・草花や切り花があります。また犬や猫や小鳥といった小動物と暮らすのも変化と潤いをもたらします。

脳科学的にみると

感じる脳

今日、ＩＴ（情報技術）や脳科学など最先端科学の情報量は急激に増え、経済・社会は激しく変化しています。知的な情報量の爆発に対し、生身の身体や感覚は変わりありません。どんなに科学が進歩しても生物としてのヒトは、身体性をもった感覚をもとに生きています。動き、感じ、食べ、眠るのが基本です。変化のある環境に身を置き、五感の世界を豊かにしていくことがとても重要です。特に「感じる脳」の感受性期には大事です。

五感による知覚の割合は、産業教育機器システム便覧（一九七二年）によると、視覚が八三％、聴覚が一一％、臭覚三・五％、触覚一・五％、味覚が一・〇％です。もう四〇年以上も前の資料ですが、「百聞は一見にしかず」というように経験的にも近い数字に思われます。

実際に私たちが見るものは、形状・色・材質感など際限なく情報量に富んでいます。しかし、脳に記憶されるのは断片的な形や特徴的な色で単純化されています。膨大な記憶の容量は、無限ではないのです。記憶から再現すると、きっちり写真のようになるのが不思議です。視覚が読み取るのは表情や雰囲気、書かれ・描かれた内容まで広範囲で、一瞬で捉えます。幼いときからの触れ合い体験や学習を通して得られます。

聴覚は、耳の鼓膜振動で音を捉えます。可聴域は、ヒトで二〇ヘルツ〜二〇キロヘルツといわれます。音楽愛好家の間で話題になるのが、CDかレコードかの選択です。CDの音域は、周波数帯が二〇ヘルツ〜二〇キロヘルツです。レコードはアナログですので、ノイズも含めより超高音域まで含みます。音源と録音性能・記憶媒体・再生環境（音域を増幅する装置を含め）の違いがあり、聴く人の好みになります。

ところが、聴覚を超える音をヒトは感じています。国立精神・神経医療研究センター神経研究所の本田学さんが報告しています［★1］。人類が生まれたアフリカの熱帯雨林には特徴的な環境音があり、その音域は一〇〇キロヘルツを超えます。現代の都市環境の音域は、二〇キロヘルツ以下です。

〝二〇キロヘルツ以下の聴こえる音の成分と、聴こえない高周波成分をあわせて同時に聞かせると、脳の一番深いところに位置する脳幹・視床・視床下部が非常に強く活性化したものです。いっぽう、これらの部分の活動は、二〇キロヘルツ以下の聴こえる音の成分だけを聞かせたときには、反対に低下したのです。〟

〝基幹脳（脳幹、視床、視床下部など脳のもっとも深い部分）は、報酬系という人間を気持ちよくさせる脳のセンターでもあります。ですから、ここが活性化された状態で音を聞かせていると、音が非常に美しく、気持ちよく聴こえることが統計的に有意性をもって示されました。

〝では、耳に聴こえない音を、人間はどこで感じているのでしょうか。結論だけいいます。耳ではありません。耳からイヤホンで音を聞かせただけではこの効果はないのです。スピーカーで身体の表面に空気振動を与えたときにだけ、これらの効果は発生します。すなわち、人間は耳で聴こえない音を身体の表面で感じていることがわかります。〟

バロック音楽は、超高音域を含むチェンバロ演奏を生で聴くのが良さそうです。夏には木立の中で風に当たりながら全身で蝉しぐれを聴くと気持ちよくなるでしょう。

触角は、体性感覚の皮膚感覚の一部であり、皮膚感覚には他に圧覚、痛覚、温度・湿度感覚があります。体性感覚の深部感覚には、位置感覚、筋肉・運動感覚、圧覚、振動覚などがあります。それ以外に、内臓感覚・平衡感覚などがあります。

嗅覚は、視覚・聴覚・触覚・味覚と違い間脳の視床を中継することなく大脳皮質へ伝わります。眠っているときも、嗅覚は働いています。うとうととお風呂に入っているときのアロマや睡眠中の香は効果があります。熟睡中でも、異常な焼ける臭いなどを察知できるかも知れません。

五感には、文化的な影響があると思われます。谷崎潤一郎の『陰翳礼讃』にあるような陰影のひだ・グラデーションのある建築や影絵を楽しむ伝統が日本にはあります。和楽器があり、素材とだしの日本料理があります。

★1＝「脳と情報環境――脳科学からみた環境の安全・安心――」(『脳の発達と育ち・環境――2007、2009世界脳週間の講演より』三二～三四ページ 2010 クバプロ)

［感性と知性の基と自立・成長――2］

4 言葉と個人の世界が拡がる　話が弾み、個を育む

ことばは、進化の過程でヒトが得た最重要な能力です。意識・自我・意思の考える道具となって自在なコミュニケーションができるようになり、創造性をもたらします。

人は命を授かった時から、情報のやり取りが始まります。自分の欲求を伝え、相手を理解しようとし、触れ合いを求めます。胎児は、母胎で体性感覚や聴覚が芽生え、お母さんの鼓動・振動を覚え、ホルモンを通じて朝夕やストレスを感じているといわれます。出生のときには、お母さんの肌・匂い・声とおっぱいの味と明かりを感じます。乳幼児は、五感の刺激で神経ネットワークが成長します。そして、ことばを覚え、ものごとを認知・思考し、社会性をもって人と交流していきます。

①住まいは世界を拡げる

住まいは、家族が空間と時間をともにする場です。家族が思い出を積み重ね、記憶の深

層をつくっていきます。一緒にいること、同じ空気を吸い・匂いを嗅ぎ・味わい、顔を合わせて、肌を触れ合うことで情愛を強めていきます。

曖昧な態度・感情のコミュニケーションでは、私たちは相手の話内容などの言葉より、声の調子や身体言語といったものを重視するというメラビアンの法則があります。あるいは、場を読む、場の空気に触れる、ということがあります。五感を動員するコミュニケーションがまず重要です。

そして、ことばです。とても大事です。ことばがあるから、自分の思い・気持ち・望みを伝え、相手の思い・気持ち・望みがわかります。ことばは、過去・現在を理解し、思考して、世界を拡げ明日をつくります。

幼児がことばを覚えて自在に使い始め、人として自立し人柄・人格を形成し、成長・成熟するのは、家庭生活が出発点です。ことばは、重要なコミュニケーション手段です。そして国語の力となり、学力・思考の基礎となります。ものの順を追って考え表現することや、ものごとの要点をつかみ・言い換える抽象力が、創造力の基礎となります。住まいは、身体の表現やことばの世界と個人の自立を育む大切な場・空間です。

家族は、語らいで絆を高めていきます。コミュニケーションで心や考えや意思を通わせ、暮らしを楽しみ、遊び・学び、成長します。家族は、お互いに表情やことばで健康や身の回りの様子に気遣います。話すこと・聞くことで安心でき、落ち込んだとき・困ったときにはアドバイスができます。いつでも様子が感じられ、顔を合わせ、ことばをかけられる住まいはとても重要です。そして、住まいの安全・安心をベースに、外の世界へ遊びに・学びに・仕事に向かいます。

② 家族の成長と住まいの様相

住まいは、家族の成長に合わせ様相を変えます。人の成長は、幼少時と大人へと飛躍する年齢で大きく変わります。

胎児から乳児の間：　母子中心の暮らしです。住まいは、日当たりのいい静かで穏やかでストレスのない環境が望まれます。泣く・微笑む・聞く・発声、飲む・食べる・噛むと、赤ちゃんの口と目の顔面運動と手足の動きと五感の働きが神経ネットワークを伸ばします。

幼児から小学校低学年八歳頃まで：　大脳の神経ネットワークが著しく進みます。また小脳の発達期でもあります。二つの成長があります。一つが、ことばの習得です。母語が成熟していく重要な過程です。読書の習慣をつけることが大切と言われます。もう一つが、身体能力です。いろいろな身体を使う活動、手足を動かす習いごと、運動・自由遊びがとても大事で、次々と覚えて行きます。野外で年齢の違う子ども同士の自由遊びがもっともいいといわれます。基本的な運動能力を養うのに欠かせない時期です。同時に空間認識の力、状況をつかむ力も養います。

この時期の生活の多くは、住まいの中にあります。母親と家族のもとで安心して自分の世界を広げます。ハイハイ・伝い歩きから始まり、歩く・段の上り下り、走る・跳ぶ・叩く・跳ねると活動的になります。家族との触れ合い、語りかけ、絵本の読み聞かせは、ことばの世界を広げ豊かにします。お話をし、声を出して絵本を読み、絵を描き、空想の世界に向かいます。オモチャ遊び・ままごと、楽器遊びをします。相づち・共感しながらコミュニケーションを深め、友だちと交流し、保育園・幼稚園・学校で社会に入っていきます。お手伝いやお話・動きに対し、褒めて認めてもらうと快感をもたらし、意欲・やる気がでます。

生活の場所は、家族がいつもいる食堂・居間が中心です。床近くの低い位置におもちゃ入れ・本棚・落書きボード・楽器、いくつかの高さの違う床、ベンチ・椅子が欲しい。キッチンカウンター・食卓・居間のテーブルや傍らに設けられた机コーナーが子どもの選択肢を広めます。五感を誘う自然や住まいのつくりがあり、日々身体を動かすつくりがあると、子どもを活動的にします。夢中になって没頭できる場や時間が欲しいものです。

前思春期の九～一一歳頃：　大脳の神経ネットワークが劇的に増え、ほぼ一二歳で神経回路はだいたい完成します。あらゆることが短時間で覚えられます。想像をふくらます読書が脳を活性化します。いろいろな運動を身につけるのに最適です。

自我が生まれ、自立が芽生えます。プライバシーを大事にしはじめ、自分の場所を求めます。この辺りから、親から離れた居場所が必要となります。開放的な子どもコーナーや引き戸・開き戸を開けた状態の個室（戸を閉めるのは子どもの意思で）が要ります。安心感の元に、家族の中での独立です。居間・食堂で占めてきた場はそのままで、好みによって居場所が替わり選択の幅が拡がります。

思春期の一二～一五歳頃：　神経ネットワークの成長はほぼ止まり、生殖系の成長・身体的な発育が顕著になります。子どもが自立し、主体的な生活となります。個室にいる時間が長くなり、友だち対応も個室が主になります。個室は、居間と視覚的に近い方が家族の一体感があります。いつでも大きな空間の居間・食堂が待っているという雰囲気が欲しいものです。

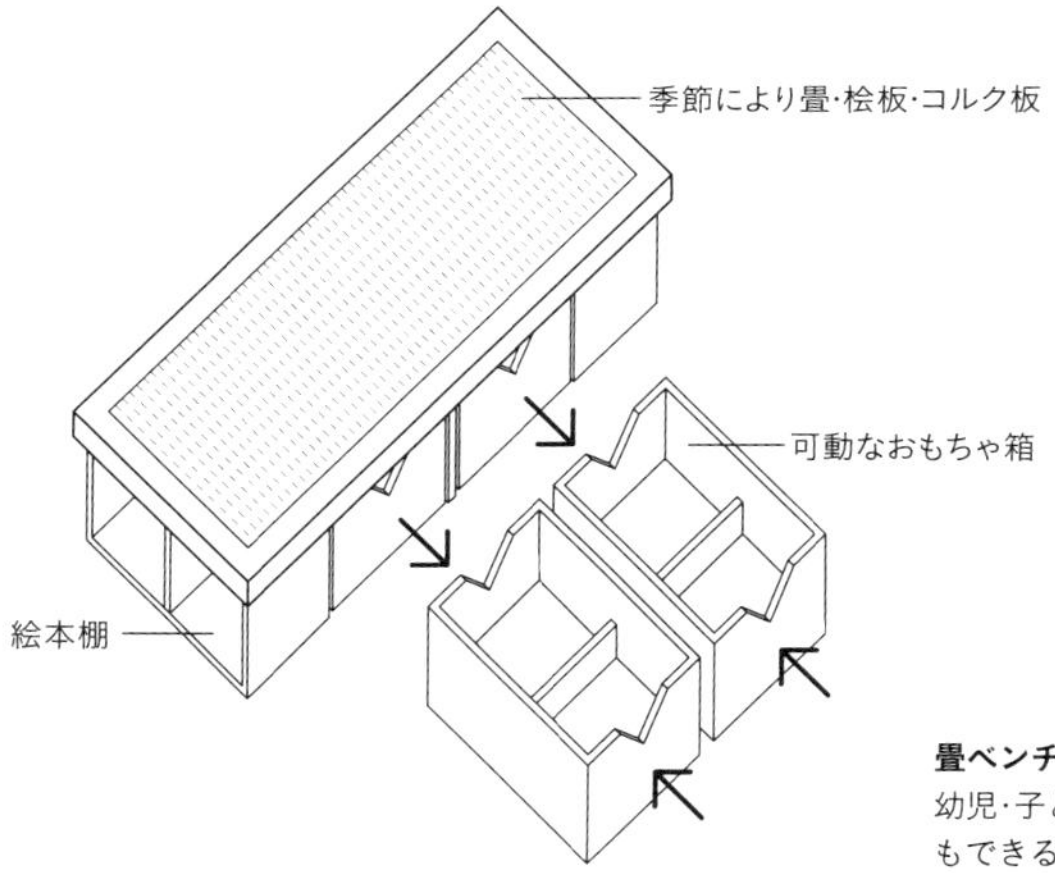

畳ベンチ
幼児・子どもが床で遊び、かたずけもできる床近くの家具の例。

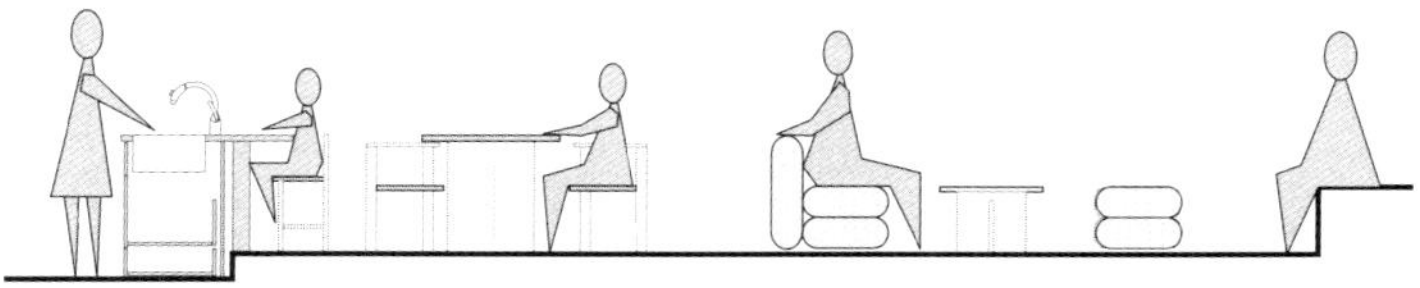

目の高さを近づける工夫

③ 空間・場のつくり

ことばと個人の世界の拡がりは、住まいのつくりが関係します。家族が顔を合わせ、触れ合い、話がしやすく、一人一人を大切にする場・空間があります。

間《ま》の採り方：　親しい仲でも面と向かうと話が途切れがちになります。場の設定としては、「もの」や「こと」が間に入ると話が弾みます。「もの」とは、コーヒーとかお茶にケーキやクッキー、生け花などです。家族の間に入って話題の中心になったり、視線を和らげるものです。絵本でも、宿題でも、楽器でも、プラモデルでもOKです。犬・猫や小鳥、新聞・雑誌もあります。「こと」とは、食事など飲食、将棋・トランプ他ゲーム、誕生日などお祝い・イベントなどです。間をうまくつくる雰囲気づくりが重要です。

坐の位置関係：　会話する位置は、お互いに対面する、横に隣り合う、L字に隣り合う、という三つのパターンがあります。対面→横→L字と会話の量が増えます。食事など間に入るものがあれば別ですが、座る関係はL字を意識して椅子・ソファをレイアウトします。

オープンなLDK…それぞれの居場所がある
手前和室から居間・食堂・台所、吹き抜けホール、2階ホール・個室とつながります。

話をする時の目の高さ：見上げる・見下げる関係より、高さがそろうほど素直な会話になります。住まいでは、立つ、椅子・ソファに座る（椅子座）、床に座る（床座）、寝るという目の高さがあります。

歩きながらの話は別にして、立って話すのは、台所やアイロン掛けの家事中です。キッチンに立ち、カウンターや食卓に座る子ども話すことはあります。この時は、キッチンの床を一段下げると目線のレベルが近づきます。何十センチの段差のある玄関で、立て膝をついて家族を送迎するのは、親しみを感じます。

椅子座と床座との関係では、客間や茶の間の和室のレベルを上げます。三〇〜四〇センチ上げると、椅子座の高さに近づきます。和室の框《かまち》（高さの違う床の上側につく横木）がそのままベンチにもなります。

乳幼児は床での活動が多く、親・兄弟や友だちは床に座り込んで遊びます。

話の機会を増やす：顔を合わせる機会を多くすることです。住まいの構成は、時間と場の使い方によって分かれます。共に過ごす居間・食堂・台所、時を違える洗面・トイレ・浴室、一人で時と場を過ごす個室、一時的な収納からなります。家族みんなが集まる居間・食堂が、顔を合わせる中心です。安心感があって自分の居場所があり、他へのつながりがある居間・食堂にします。

話がはずむ食堂は、お手伝いや一緒に準備でき勉強もできるアイランド・キッチンやカウンター付オープン・キッチンにします。勉強・作業・遊びもできる大きめの食卓や話しやすい円卓にします。居間も広くとります。一緒に遊んだり、それぞれの居場所で思い思いのことをし、時を重ねるようにします。家事・作業机やパソコン・学習カウンターのコーナー、みんなで映画やビデオをみる大画面テレビ（ホームシアター）、ごろ寝・洗濯物をたたむ畳コーナー、落書き・お絵かき壁や家族の思い出写真コーナー、L字のソファやちゃぶ台、ストレッチ・ヨガ用カーペットなどいろいろ持ち込みます。家族が一緒に、あるいはちょっと気遣いしながらそれぞれ同じ時を過ごすことで、コミュニケーションが増え、絆が深まります。

二階建ての場合には、居間、階段、二階ホール・廊下・共用スペースを一体の空間にします。どこにいても見上げたり覗き込めば、顔を合わす機会が増えます。

Column

コミュニケーションと間《ま》

ヒトは多人数で共同生活し、社会をつくることによって進化してきました。一人で生きていくのは難しく、今日では人やもののネットワークは世界中に及んでいます。そこでコミュニケーションは欠かせません。一つのコミュニティの中の「身体とことば」による表現が出発点です。それが家族と住まいの中で育まれます。自閉症や引きこもりの問題が顕在化しています。脳と心の障害です。器としての住まいは、安心・安全で人の自立を促す空間であって欲しいものです。

人と人との間について、もう半世紀前にエドワード・T・ホールが4つの距離を仮定しました（『かくれた次元』1966）。密接距離は愛撫や格闘の間で15～45cm、個体距離は相手を感じられる間で45～120cm、社会距離は接客・関心の有無の間で120～360cm、公衆距離は公衆との間で360cm以上。住まいでは、家族の密接距離と個体距離が織りなされます。

脳科学的にみると

ことばの役割

ことばの役割に二つあります。コミュニケーションと考える手段です。母親とのやりとり、家族・仲間との情報交換が始まりで、自己の欲求をより実現します。赤ちゃんは母親との一体感から徐々に自己を意識し、個が目覚め、住まいの内外で他を受け入れながら自分を主張していきます。考えることは、自分と他との違いに気づき、自分の世界を広め、世界とのかかわりを大きくしていきます。共通するのは個の成長と社会性です。家庭・社会のなかで育まれ・鍛えられ、思い・考え・意思をもって自分というものを創り上げ、社会に立ち向かっていきます。周りの環境をすべての感覚でもって受け入れ、周りに対処・働きかけていきます。

ここでも基本的「生命の大原則」に従います。生きるためにプラスの情報は「快」として積極的に受け入れ、マイナスの情報は「不快」として闘うか避けることを重ねていきます。マインドセットを創り上げ、日々新しく造り替えています。何かを達成したり何かに夢中になったりすることで快感が生まれ、学習意欲が増します。いろいろな刺激・情報が栄養になって成長・成熟していきます。母親とのつながりは、家族・友だちに拡がり、社会と応答していきます。

情報を受けるだけでなく、発散していくことがとても大事になります。

ことばは、学力の基礎です。乳幼児への話しかけ、絵本や美しい詩歌の読み聞かせ、読書は、ことばの肥やしです。義務教育内容は、国語力をしっかり身に着けていれば、ほぼ理解できるといわれます。国語について、私塾「ふくしま国語塾」を主宰する国語教育者の福島隆史さんは、次のように述べます［★1・要約］。

〝国語力とは、論理的思考力であり、表現力である、抽象力がとても重要である。論理的思考力とは、関係を整理する力である。「力」とは、「技術を使いこなす能力」のことである。論理的思考力とは、「三つの力」である。「言いかえる力」「くらべる力」と「たどる力」〟である。

今日、社会的な対応がうまくできない子ども・大人がいます。「不登校」「引きこもり」「キレる」「モンスター〇〇〇」が少なからず存在します。一九八〇年代から社会問題化しています。それ以前、顕在することは稀でした。競争社会にあって、子どもの環境が激変し、家庭の厳し過ぎ・期待し過ぎや甘やかし過ぎの育て方、また無関心・放置といった影響が少なくないと思われます。一旦陥ると引きずって回復が難しい場合があります。

それと発達障害（自閉症、アスペルガー症候群その他の広汎性発達障害、学習障害、注意欠陥多動性障害などの脳機能の障害で、症状が通常低年齢において発現するものとされる）が浮かび上がってきています。症状判定が具体的になったこともあって、実数が急に増えた面もあります。発達障害は、遺伝的な側面が強いように考えられ、脳機能に関係しています。まだ原因が特定されていません。少なくとも早期の発見と対処が大切です。

住まいにあっては、いつも家族が顔を合わせ、触れ合いの機会を多くして、気遣い、励まし合い、お互いに刺激し合ってくらすことが大事になります。

★１＝『国語が子どもをダメにする』（中央新書ラクレ　２０１２）。

5 たて動きをする 床レベルに差を設ける

住まいの中から段差をなくすバリアフリーが大事にされています。事故で足腰を傷めたり、高齢になって動きが不自由になる場合、僅かの段差が障害になり、また車椅子の使用にも不便だからです。玄関土間と玄関ホール、一階と二階の段差は残りますが、いざとなれば段差解消機やホームエレベータもあります。健常者でも備えは大事です。でも一階の床はとにかくフラットにしておけばいい、というのは安易です。

いくつか理由があります。一つは、身体が段差なしに馴染んでしまって、足腰が弱くなります。ゆるやかな階段や座りやすい縁側など意図した段差は、日々の繰り返しで身体が鍛えられます。三〇～四五センチの段差は、元気なうちは一気に膝を使って全身で上がり下りします。足腰が弱くなれば一旦腰掛けてから身体を起こします。もう一つは、段差は特に幼児や子どもにとって、全身で身体を使い、同時に視線移動を伴うので、体の発達や脳の成長にとても有利になります。そして、何よりこの段差が行為の転換・切り替えになり、気持ちも変わります。庭の地面からテラス・ウッドデッキ・縁側・一階床へ、玄関土間から小縁・玄関ホールへ、一階床から小上がりへとレベルが移ることにより、場の雰囲気が変わります。土足、上履き、素足ということが関係するのかも知れません。アクセントになり暮らしが豊かになります。

意図した段差は、床レベルに差を設け、上下＝たて動きをするものです。玄関土間と玄関ホールが典型です。床上では、小上がりの茶の間や和室、ベンチ、段違いの床などがあります。外部からの段差は、ウッドデッキ・濡れ縁や縁側があります。

とはいえ、最小限の段差のないエリア、広めの通路、手摺の下地の用意など考えておかねばなりませんが。

①土間を活かす

伝統的な土間（三和土・たたき）は、仕事に結びつきがあり、夕方足を洗うまで仕事の延長上にありました。農家の広い土間、町屋の通り土間などがありました。接客の場、通路、作業場、炊事場、家事の場、一時物置などいろいろに使われてきました。住まいの表から裏まで続いていました。玄関先の軒と裏庭とは、敷居で隔てられているだけで、三和土《たたき》の土が続いていました。内部の床とは、四〇～六〇センチほどの差があり、小上がりの縁があるか、木の角材か半丸太が土間あり、二段で上がっていました。

今日では、屋内の土間を使う作業や家事は床上や別棟に移り、土間は必要なくなりました。靴を履き替える玄関や勝手口の土間が残るのみです。履き物がわらじ・草履や下駄から靴下と靴へ替わり、足を洗う必要がなくなり、床上に上がるのを容易にしました。

このとき土間そのものが一階床にはなりませんでした。日本の住まいでは必須の高床です。高温多湿な風土の下で、湿気から逃れる、白アリ対策など床下の維持管理面、土埃をさける衛生面、柔らかな床の感触、足の開放感などの理由で、高床を設けてきました。

よって、土間の導入は郷愁だけでなく、積極的な暮らしのイメージが要ります。土間の採用で、いくつかの事例をあげます。土間を大きくとることは、長い小上がりや縁をつけることで、子どもには格好の遊び場になり、コミュニケーションの場になります。

広い玄関土間：　最近の住まいの玄関土間は二・三帖です。靴入れや運動用具入れを付属室でとることもあります。決して広くありません。これを大きくとって、ゆとりの玄関とします。接客には好都合です。椅子・テーブルがあれば、ゆっくり話ができます。応接間を兼ねる感じです。また趣味のスポーツ自転車やボート・カヌーを保管展示ができます。居間から眺める自動車を入れることもできます（排気は検討要です）。土間に続く空間は、居間や

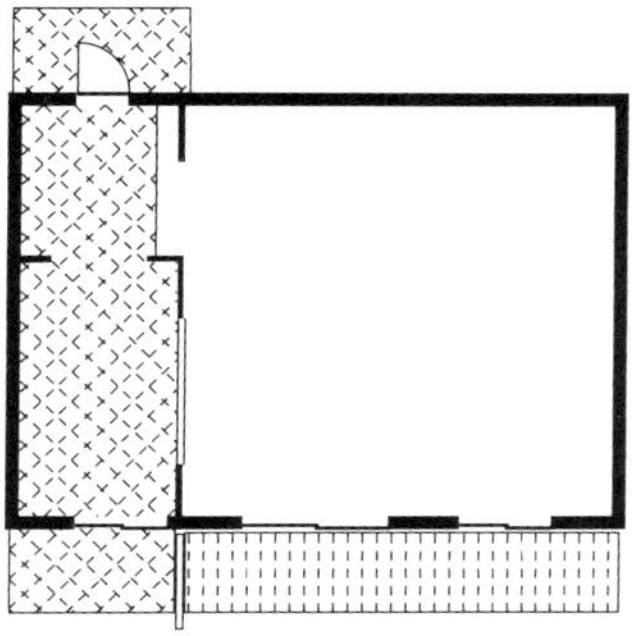

接客·展示に使う広い土間
接客や展示保管できる広い玄関。裏の庭まで土間にし、奥は内玄関になります。

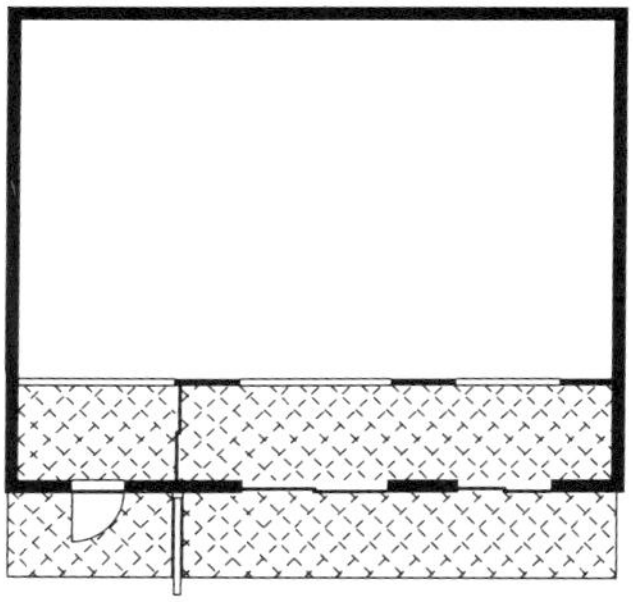

玄関に連なる縁側土間
南に通り土間を設けると、内外の一体感が増し、上がり降りが盛んになります。

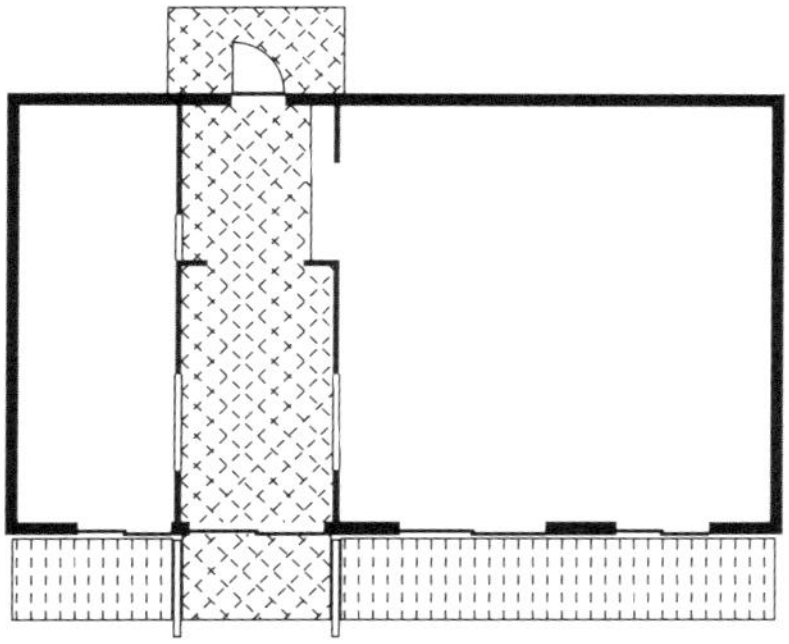

表と裏をつなぐ通り土間
1階を二つに分ける通り土間で、それぞれの持ち味を区分けします。

和室でしょう。

玄関に連なる縁側土間：　居間や食堂の庭・テラス側に土間を設け、玄関とつなげます。玄関とは引き戸や格子戸で仕切り、親しい人を招き入れます。広縁風の土間です。あるいは、外のテラスと一体となる屋内テラスです。小上がりはベンチになります。大地や緑により近い居間です。観葉植物を置いたり、もの干しにもなります。冬期は陽射しを受けて、蓄熱体にもなります。

通り土間：　住まいの表と裏を縦断し、後の庭を暮らしに取り込みます。土間を挟んで親と子ども世帯なら、緩衝帯となって同居できます。仕事場と住まいの間に土間があれば、区分けがはっきりして、気持ちが切り替わります。玄関と奥の内玄関を格子戸などで分ければ、玄関がすっきりします。北玄関や東・西の玄関の場合、緑が透けて陽が入って明るくなります。

土間を採り入れる際の注意点：　土間は湿気を呼びます。地面の温度は、地表近くで平均気温より数か月遅れで上下します。春の初めの温度の土間に、梅雨の湿度がやってくると、表

いろいろな役割の小上がり畳コーナー
居間・食堂・台所につながる小上り、地窓から庭が見えます。

面が結露して土が濡れることがあります。梅雨明けの真夏には乾きますが、屋内では避けたいものです。

対策は、土間を断熱層の内側に入れることです。土間の下に断熱材を入れるか、基礎の外をすべて断熱材で覆えば土間は屋内となり、土間が屋内の気温に近くなって結露しにくくなります。屋内が除湿してあれば、問題ありません。

②床に高さ違いを設ける

伝統的な民家は、高い床に対して土間に沓《くつ》脱ぎ石・小上がり・縁・大きな框を設けていました。現代の住まいは、玄関土間からホールに上がれば、ほほフラットなつくりです。日々小さなたて移動や視線移動はとても少なくなっています。一階の床に高さ違いを設けて、空間に変化をもたらします。

小上がり：茶の間、掘り座卓付の食堂、客間、仏間、お茶室、畳コーナーなどがあります。居間の一部や隣にあると、一体的に使えます。畳敷きが似合います。畳の間は、他の床とフラットの場合、踏み込むのに抵抗があります。少し改まる感じがします。スリッパは脱ぎ、背筋を伸ばして正座する雰囲気があります。床座、時にごろ寝には、椅子坐とは違った暮らしがあります。子どもが病気になったときなど、個室ではなくここで休むのもいいでしょう。畳の間に床の間を設けて掛け軸や生け花を備えれば、外国からのお客さんに日本の伝統を紹介する機会になります。床下は、引出や季節ものの収納に使います。

下がり床・上がり床：居間やその一部、二つ目の食堂や家族室の床を少し下げたり・上げたりします。落ち着きと親密さなら下がり床に、舞台の感じなら上がり床にします。上がり床の場合は天井を高くし、吹き抜けになっていれば二階が近くなります。

作り付けのベンチ・縁台：居間や食堂のコーナーの窓・壁際にベンチを置きます。奥行き

軒の張り出しにウッドデッキ
居間や庭からの出入り、庭の腰掛、草花のプランター置き場、雨天の物干し、日向ぼっこなど暮らしが広がります。

があればごろ寝できます。坐は、木や畳です。食卓の長椅子や居間の固定席になります。座の下は、収納にします。子どもの遊び場、勉強スペースにもなります。また、可動の縁台を空間の仕切りや長椅子に用います。乗り越え遊びをし、ゲームをし、机替わりにし、ごろ寝もします。下部は収納にします。

大框で仕切る：　雰囲気を改めるのに一五〜三〇センチの段差を設けます。縁側と和室や居間の間、和と洋の間に入れ、空間を変えます。大きな材がアクセントになります。

③ 庭との行き来

伝統的な日本の住まいは開放的で、内外が一体となっていました。屋内の生活が外に張り出し、外の環境が内部に飛び込み、内外の空間がお互いに入り込んでいました。人は玄関からの出入りだけでなく、他に大きな開口部である掃き出し窓からも出入りしていました。同様にすれば、自然の土・庭を身近にする暮らしになります。季節の樹木や草花のある庭をアウトドアリビングや家事庭にすることになります。朝夕や休日に庭に出ることが多くなります。住まいの一階の床は、周りの地面より四五〜六〇センチ高いので、気軽に出入りできる段差解消の工夫がいります。腰掛けるには三〇〜四〇センチの段、上がり下りには一五〜二〇センチが楽で、うまく組合せします。人は小さな内外の床レベル差を行き来し、視線を遠近・高低に送ります。

深い庇に掃き出し窓：　居間・食堂・広縁の窓に沓脱ぎ石があって、直接庭かテラスを挟んで庭に出ます。窓外に濡れ縁やウッドデッキを設けるのもいいです。

軒を設けて雨天の利用も：　柱を建てて軒庇を大きくすれば、雨の日も活用できます。奥の部屋が暗くなるとすれば、透明な屋根材とします。ウッドデッキで部屋の床と同じ高さにすると屋内が拡がります。テラスやウッドデッキが外の居間になります。

別棟で張り出す：　庭の中や庭を覆う形で雨除けをつくります。屋根は透明な材料がいいでしょう。ベンチ・テーブルを用意すればお茶やブランチに、バーベキューも雨天決行できます。サービスヤードでは、物干しや作業場になります。

Column

段差の良し悪し

心臓に負荷をかけて心電図をとる検査の一つに、2段の階段を昇降する試験があります。2段とはいえ続ければ負荷が大きくなります。住まいの段差も負荷になりますが、子どもの鬼ごっこや家事のとき以外には、連続的に上がり下りすることは稀です。暮らしの中では空間や場面転換がアクセントになります。

段差にもいろいろあります。床の仕上げを換えるとき、段差をつけると納まりがいい場合があります。縁側と和室が数センチですと、ついついスリッパのまま上がってしまいます。断が15～20㎝もあるお寺や大きな框のある民家を訪れると、少し抵抗があります。断が30～40㎝となると、腰を降ろしたくなります。45㎝センチを超えると小階段をつけることになります。

軽い負荷を感じる環境は、いいものです。アルントシュルツの刺激法則「少量の毒は刺激作用がある」というものがあります。弱い刺激で神経機能を喚起し、中程度の刺激で神経機能を興奮させ、強い刺激は神経機能を抑制し、最強度の刺激で静止します。

床の高さが違って空間に変化がつき、場が移って新たまる様相になる。意図された段差は、幼児には全身運動と視線移動をもたらし、家族には軽い運動刺激になります。

脳科学的にみると

運動の効用

「子どもの脳を鍛える最も効果的な方法は、身体を動かすこと」と指摘するハーバード大学医学部准教授ジョン・J・レイティさんは、その著書で次のように述べます［★1］。

〝ここまでくれば、運動が三つのレベルで学習を助けていることは十分おわかりいただけたと思う。まず、気持ちがよくなり、頭がすっきりし、注意力が高まり、やる気が出てくる。つぎに、新しい情報を記憶する細胞レベルでの基礎としてのニューロンどうしの結びつきを準備し、促進する。そして三つ目に、海馬の幹細胞から新しいニューロンが成長するのを促す。

本章で触れた数多くの研究は、運動の海馬への影響に注目したものだった。それは、記憶をつかさどる海馬が学習には不可欠だからだ。だが、海馬は単独でどこかにぽつんとあって、回路を新しく作ったり消したりしているわけではない。学習には、前頭前野の指令を受けた多くの領域がかかわっている。脳はまず入ってくる刺激に気づき、それを作動記憶に取り込み、感情に従ってその重要度を測り、過去の経験と結びつけ、そうした情報をすべて海馬に伝えなければならない。前頭前野は情報を分析し、配列し、結びつける。その仕事を手伝うのは小脳と大脳基底核で、情報をやりとりするリズムを保ちながら、作業をスムーズに進むようにしている。海馬の可塑性が向上すれば、一連の作業を支える重要な結合が強化されるが、学習することで、脳全体のニューロンの結合が、より密で、より丈夫で、より良好なものになる。こうしたネットワークを築き、記憶や経験の蓄えを豊かにすればするほど、学習は容易になる。すでに知っていることが、より複雑な思考を形成する下地となるからだ。

小脳は、脳のわずか一〇％の体積しかないのに、ニューロンの半分を有している。つまり、そこにはぎっしりニューロンが詰まって、常に活動しているのだ。小脳がリズムを調整しているのは、動きだけではない。脳のシステムいくいつかも調節し、そこが新しい情報をスムーズに流し、管理できるようにしている〟。

日本のスポーツ分野では、スポーツ動作の力学解析を研究されている東大大学院教授深代千之さんは、次のように述べます［★2］。

〝「運脳神経」とは、日常動作からダイナミックなスポーツ動作まで、その動作の練習をして「思い通りの身体の動かし方を身につけるための脳‐身体の協調性」と定義したいと思います。運脳神経の神経生理学的背景は、「巧みな動きの神経パターンを脳（とくに小脳）に構築すること」となります。

運脳神経をつくる、つまり、身体を動かして脳にたくさんの神経パターンをつくるのには、最適な「時期」があります。（中略）神経細胞の発達は、三歳ぐらいから小学校低学年までが一番成長が著しい時期になります。この時期を「ゴールデンエイジ」といいます。神経が急激に発達するこの時期に、さまざまな動きや運動を体験することによって、運動のセンスを効率よくみにつけることができます〃。

勉学の分野では、作文・読書・思考力野外体験を重視した学習教室「花まる学習会」を主宰される高濱正伸さんは、次のように述べます［★3］。

〃大脳生理学的な検証は専門家に譲るとして、日々子どもたちと接している経験から言うと、具体的には九歳までに基礎能力の部分での発達を完了して、それ以降は、それまでの間に、もち得た能力を発展させていく段階に入るというイメージです。

つまり九歳、小三までの段階で、頭の中に空間そのものを描けない子は、その後どんなに努力しても立体の問題を本当にわかるようにはなかなかなり得ないということです。

空間にたいする認識力の他にも、我々が「超えられない壁」と呼んでいる能力のほとんどは、小三までが勝負です。語学のようなものは真面目であることが勝利の方程式ですから急ぐ必要はないのですが、数学的能力に関する部分に限って言うと、小三までに取得できた能力にすべてがかかっていると言って、過言ではありません〟。

また、同著の「すべてを決める！　小三までの育て方・遊び方」の章では、『すべての答えは「外遊び」にあった』の『夢中になって遊ぶ中で知性は育つ』『イメージ力は外遊びでこそ伸びる』『外遊びは五感を刺激する』『異年齢同士で遊ぶ』『危険を「本能」で察知する能力』という項目があり、そのなかで、

いちばんいいのは、なんと言っても外遊びです。自然の中で五感すべてを使って遊び尽くしてほしいと思います。物そのものにたっぷり触れた経験こそ、泉がわき出るようなイメージ力を生み出すもとになるのです。

運動と食事と睡眠は、生きていくうえで最低限の条件です。身体を置く住まいとその環境は、不可分です。乳幼児では口・手足・指を動かすことから始まり、徐々に自由な外遊びを盛んにします。小学高学年以降は、できれば朝の負荷のかかる有酸素運動（早歩きやランニング）を取り入れます。外で自然を・景色を・空気を、見て聴いて嗅いで肌に触れて感じながら身体・五感を動かすことが重要です。

住まいは、ただ身体を休めるだけでなく、活動性を暮らしにもたらします。身体を動かしてきた進化の先に、ヒトはことばや思考や創造性を持ちました。五感と身体への情報刺激を大切にしたいものです。

住まいのなかで身体に負荷がかかる移動は、椅子に座る・椅子から立つ、床から立ち上がる・床に座る、ベッドから起きる・ベッドに横たわるなどがあります。これに三〇～四五センチの段差・床レベル差を設け、たて動きを加えると、身体・五感への刺激が変わります。足と膝に力をいれて一気に動作し、次の行動に移ります。運動量は少ないのですが、腰・背骨・脳幹へと刺激が走ります。瞬時に視点の高さが移動し、見る世界が違ってきます。日々の光や影、季節の風景の変化に気づきます。

★1＝『脳を鍛えるためには運動しかない！』六七、六九、一九二ページ（2009 NHK出版）

★2＝『「運脳神経」の作り方』三三、三七ページ（2009ラウンドフラット）。

★3＝『小3までの育てたい算数脳』三三ページ、四章――一二七ページ（2005 健康ジャーナル社）。

［運動制御と空間認識――2］

6 階段を主空間に 楽しい上下移動

低い山登りの体験なら誰にもあります。初めは小さな冒険・探検です。登るときは、足元を確かめながら前・上方を向いて、何があるか、何が見えるか、お天気は、と期待でいっぱいです。晴れていれば感動と達成感で気持ちよく、曇っていればがっかりです。降りる時は、余裕が出て遠方の景色や左右を見たり、たまにすべったりして先を急ぎます。自然の中とは違いますが、住まいの階段移動でも同じような雰囲気があります。

①階段の特異性とおもしろさ

階段が住まいのなかに登場するのは、比較的新しいことです。江戸時代以前は、旅籠・女郎屋・船宿ぐらいが階段を持ち、他はほとんど平屋でした。明治以降、洋館が導入され、市街地に階段のある町屋や、蚕を飼うのに作業場的な二階のある農家が登場しました。それらの階段は、一、二階をつなぐ機能的な斜めの廊下でした。急な勾配で幅が狭く、こぢ

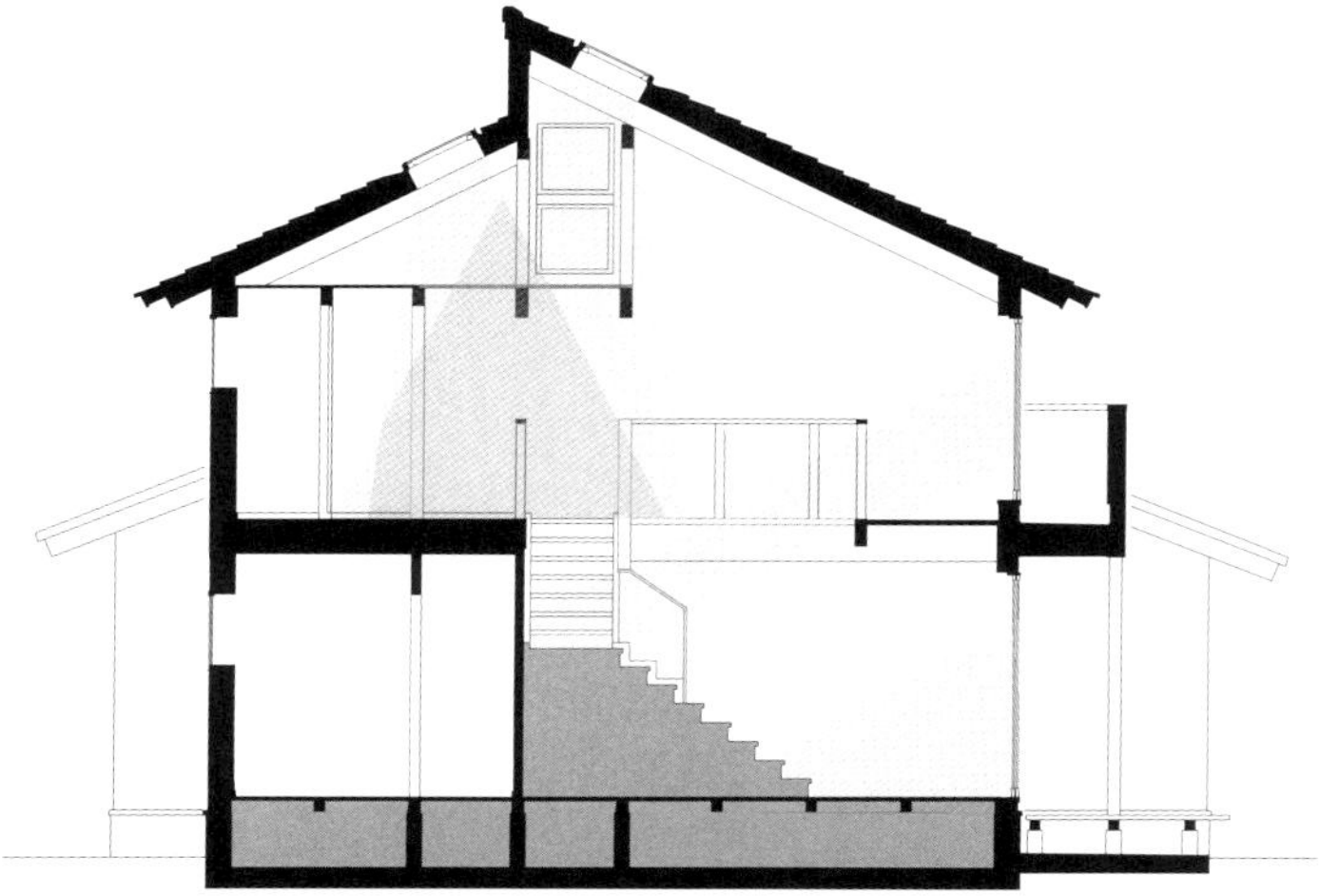

階段のある居間吹き抜けの断面
高断熱高気密住宅では階段の位置は選ばないので、空気循環や視線の交換に有用です。

んまりと隅っこに置かれる傾向がありました。

階段は、道具を使わず自力で階の間を垂直に移動する通路です。二階に穴を開け、吹き抜けの中に段を繰り返してつなぎます。住まいの中でユニークなつくりです。

登るとき、足元を確かめて上方を見上げながら期待感をもって歩を上げます。一段ずつ見え方が変わり、最後に上階の姿全体が現れます。窓の外の景色が飛び込み、小屋裏の頭上から光りが射しているといい感じです。振り返って階下の様子を眺めたりもします。降りるときは、いくらか余裕をもって、周囲を見渡し・見下げながら、浮遊感を味わいながら軽やかに歩を下げます。上りは二階天井の形や上がりきった場の光景が、下りは拡がる吹き抜けの光景が魅力的だと、階段は楽しくなります。

垂直な移動は水平に比べて困難で、高さには少し怖さを感じます。見上げるほどの高さや拠り所のない高さは、不安を感じます。身体感覚に基づく高さの設定が、住まいでは大事になります。真っ直ぐな直階段は、段を踏み外したときに危険という指摘があります。それ以上に考慮したいのが、高さの身体感覚と光景の展開です。

一気に登り切る階段より、途中で折れる階段や一休みできる踊り場がある方が、特に子どもには親しみがあって取っつきやすいものです。子どもが一階に立って目線近くに踊り場があると、階段吹き抜けが身近に感じます。子どもの遊びの対象としても踊り場がある方がいいでしょう。高さ移動で見られる光景の展開は、九〇度折れたり一八〇度回転する方が、情景の変化が多くなります。垂直な空間移動と共に上下左右の視線移動が増え、視覚をより刺激します。階段が棟近くにあり、棟まで吹き抜いていると、上昇感がより魅力的になります。

階段は、開放的な吹き抜けの中にあって、水平にも垂直にも拡がるのがいいでしょう。空間の変化を見て取れる、差し込む光や陰影や情景の移り変わりを見て取れるといいものです。デザイン的に美しく、アクセントになりリズムをもたらし、上り下りを楽しくしたいものです。一階と踊り場と二階が近くに感じ、遊び場や語らいの場にもなります。すると、上がり下がりが多様になります。急ぎ、ゆっくり、立ち止まりながら、というように。

②階段の形状

階段には、ⓐ真っ直ぐな形状、踊り場を途中に設置し、ⓑL字に折れる形、ⓒU字に折り返す形、ⓓ踊り場なしの螺旋状、があります。ⓑとⓒは、階段そのものが子どもの遊び場になりやすそうです。踊り場が小上がりやベンチやステージになり、座り込んでぼんやりしたり、考

真っ直ぐな直階段
ゆるやかな勾配にすることにより、降りる不安はなくなります。

踊り場は遊び場
U字に折り返す階段の踊り場に本棚がある。

え込んだり、本を読んだり、お話が始まります。踊場に本棚や収納が欲しくなります。

ⓐ **直階段**：シンプルですっきりします。勾配はできるだけ緩くします。

ⓑ **L字に折れる階段**：吹き抜けを回るように設けます。踊り場は、一階から一メートル以内と階のほぼ中間(左図)があります。いつもみんなと一緒と感じながら、上り下りします。

ⓒ **U字に折り返す階段**：吹き抜けを見渡すコーナーに採ります。踊り場は、一階から一メートル以内と階のほぼ中間(左図)

吹き抜けにL字に折れる階段
居間の一部の吹き抜けにL字に折れる階段がある。

居間吹き抜けにL字に折れる階段

居間を巡るようにL字に階段があり、2階のホール・共用スペースにつながる。

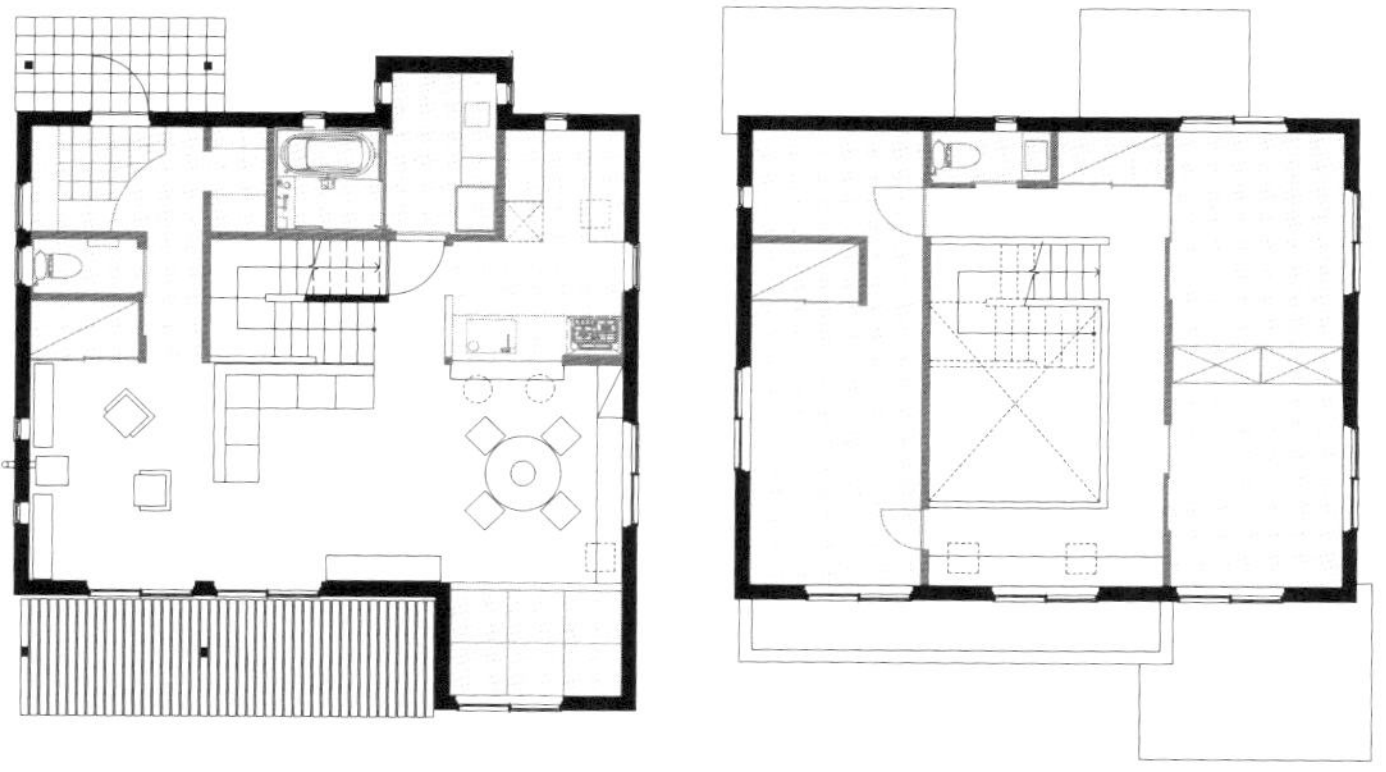

居間吹き抜けにU字に折れる階段

居間吹き抜けに階段があり、やや独立した感じを持つ。

があります。みんなの様子や場の雰囲気を感じながら、上り下りします。

ⓓ**螺旋階段**：丸い平面形状と四角い平面形状があります。大きくゆるやかに採ります。

ⓔ**スキップフロア階段**：階段はふつう一、二階の二つの床をつなぎますが、半階とかレベル差の違う幾つかの床（スキップフロアといいます）をつなぐタイプがあります。例えば、玄関から半階下りて個室、半階上がって居間・食堂、さらに半階上がって個室、というような構成です。敷地に高低差がある場合、積極的に地形を活かして採用することがあります。半階近いレベル差を収納や吹き抜けに利用することもあります。

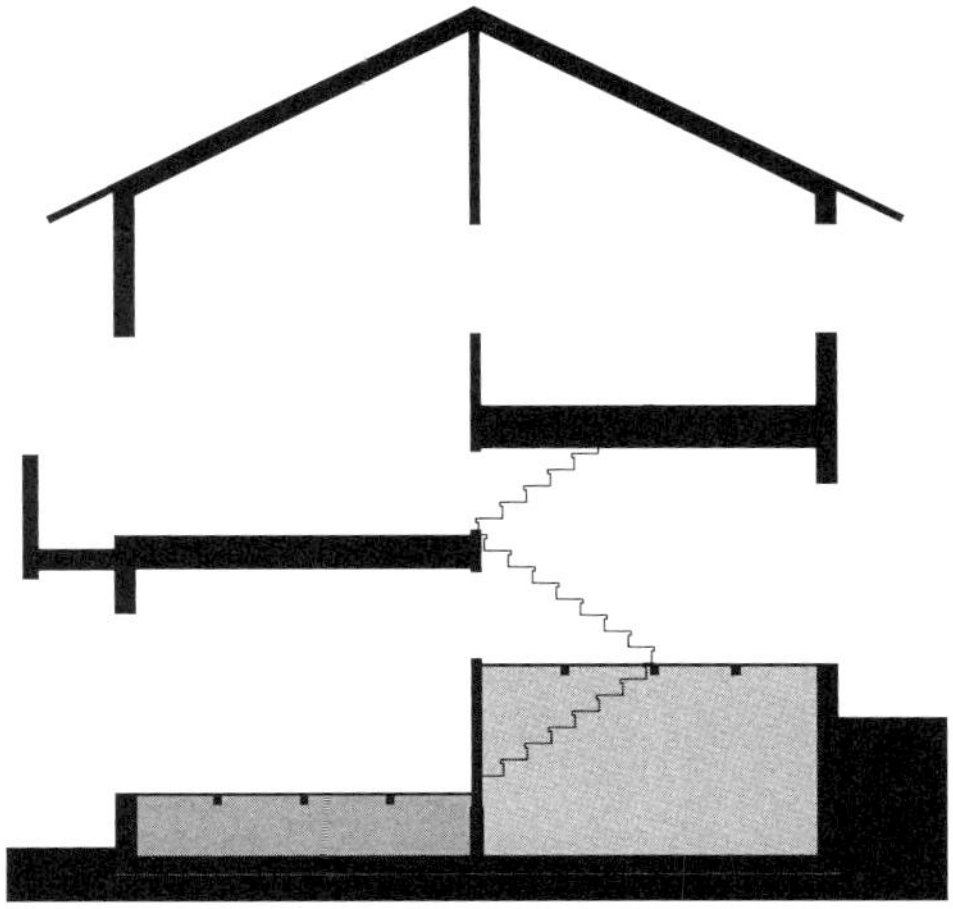

スキップフロアの断面

スキップフロアをつなぐ階段は、空間を区切ると同時に結びます。高断熱高気密と空気循環があれば、階段回りに建具は不要でオープンな感じになります。廊下がなく、階段を中心に家族が動きます。階段の開放性と屋内窓を通して、お互いに視線を交える感じになります。

体の垂直な動き、視線の交錯、各フロアの一体感、時間と場の共有感、空間の多様性など、楽しい住まいとなります。ただ、やや複雑なつくりになり、コストがアップします。足腰が弱くなったときの別の備えも要ります。

Column

階段

住まいは平家が一番といいます。構造上安全で、地震・火事のときは逃げやすく、暮らしやすいからでしょう。それでも天井を勾配屋根に沿って大きな空間にし、トップライトを採り、階段付きのロフトを設けたいものです。階段が躍動感をもたらします。

階段は長らく冷暖房の対象外にあって、居間や食堂の並びに置くことは全館冷暖房の邸宅しかあり得ませんでした。ところが、高断熱高気密住宅の登場によって状況がかわりました。住まいの中ならどこでも温熱環境（温度・湿度・気流）がほぼ均一にできます。すると1階と2階をつなげる階段は、欲しいところにおけるようになりました。全体を結びつけ、住まいが息づく感じにしたいものです。

階段・段差は、家庭における主な不慮の事故を引き起こしている場所の一つです。高齢者の転倒・転落リスクは要注意です。緩やかな傾斜、滑りにくい床の材料、手摺は必須です。

脳科学的にみると

水平と垂直

二本の同じ長さの棒があり、水平と垂直に並べて見ます。すると誰が見ても垂直な棒が長く見えます。錯視です。理由は、はっきりしません。眼球の左右移動に無理がなく、上下移動は顔を動かしやすく、垂直なものほど距離が捉えにくい傾向があります。高さ方向にさばを読むのかも知れません。

写真は、普通には横長で、正方形は特殊です。縦方向を撮りたいときに、意識して縦長にします。ヒトの視野は、上下約一三〇度（上に約六〇度・下に約七〇度）、両眼で左右一八〇〜二〇〇度といわれます。視覚が感じとりやすいのが横広なのです。高い山や木を見上げる、深い谷を覗き込むときは、一瞬動きを止めます。

身体の垂直なたて移動は、水平な横移動より負荷が多く、感覚もより動員します。重力があるので視覚系、体性感覚系、平衡機能をつかさどる前庭系の感覚がより働きます。

住まいでの垂直的な動きは、距離は小さいのですが変化に富みます。千メートルほどの垂直移動なら気圧・酸素濃度が下がり、血圧が上がりますが、住まいではもちろん定常です。吹き抜けに階段を設ける場合、三〜四メートル先の上三メートルほどを見上げます。さらに二階天井なら五・五メートル、小屋裏の棟までなら七〜七・五メートル見上げ、顔と視線を大きく上げます。仰ぎ見る角度が四五〜六〇度、見下げる角度は四五度ほどです。一・二階の様子をうかがうことはままあり、変化が伴えば小屋まで目がいきます。目が空間をくまなく追いかけます。手足、頭、視線と身体全体の動きが伴うのが、階段の上り下りです。リズミカルな動きでもあります。

居間を吹き抜けにして階段を設けると、情報が一気に増えます。高窓・トップライトからの光と陰影、窓を通して緑・花や空、風、家族の動きや声など…。楽しい雰囲気を伴い、ここでの身体運動は、脳にとてもいいのです。朝の光の溢れる吹き抜けの階段をリズミカルに何度も上り下りすると、セロトニンがさらに分泌します。

脳科学者の池谷裕二さんは、米デューク大学のクルパ博士の研究を紹介しながら、ネズミが能動的ににヒゲを動かしてモノに触れると、受動的にモノがヒゲに触れた時よりもニューロンが活性化するようすを次のように述べています[★1]。

〝このグラフから、身体運動を伴うとニューロンが一〇倍ほど強く活動することが読み取れます。同じモノがヒゲに触れ、同じ感覚刺激が脳に伝わっているにもかかわらず、脳の反応がこんなにも違うのです。”

住まいは、感覚情報が多く、家族の触れ合いがあり、楽しく積極的に身体が動いてしまうつくりがとても重要です。

★１＝『脳には妙なクセがある』三四六ページ（２０１３　扶桑社新書）

7 伸びやかな吹き抜けがある　いろいろな天井高

「吹き抜け」は無駄でしょうとか、冬寒くて仕方がないでしょうとか、言われる方が多いですが、先入観です。とても意味があって、今では快適なつくりができます。

家の吹き抜けは、階以上の高さの天井をもち、上部にオープンな状態です。江戸末まで家はほぼ平屋でしたから、吹き抜けは天井のない屋根裏までの高さでした。明治以降二階建ての家が増えると、二階の床がない高い天井が登場しました。

吹き抜けは、幅のない廊下のようなところでは狭さが強調されます。体育館のようなだだっ広いところで一人立つと落ち着かなく孤独感に襲われます。広さ、高さ、開口部と仕上げにより、受ける感じが違います。開放感と同時に、身体感覚による好ましさや親密感が欲しいものです。吹き抜けは、高さの違う空間がいくつもつながる伸びやかな状態が良さそうです。吹き抜けにもたらされる情報（光と影、風、景色、人の気配など）は、いっぱいです。視線はあちこち誘われます。目が情景を追いかけます。空間認識が繰り返し新たになります。体で感じる微差もあります。好奇心旺盛な脳には、魅力的です。

吹き抜けの良さはいくつもあります。

①垂直な拡がりがあります

横・左右の広さだけでなく、縦・上下の拡がりは伸びやかで開放的です。すくっと立ち上がる感じがあり、上向き感があり、気持ちが大きくなります。思わず背伸びしたくなります。上部の大きな壁面は、アートやテキスタイルを張るのに好都合です。空いている空間には、ハンモックを吊ったり、浮遊するモビールを下げられます。

②高みからの光が魅力を増します

頭上に拡がる空間に光が差し込む時、思わず見上げます。雲間に拡がる青空をのぞき込むように、光の先に想いを馳せます。吹き抜けに高窓やトップライトから光が溢れると、雰囲気が一段と豊かになります。高みへの憧れや畏怖を感じ、空や宇宙とのつながりを思います。より遠くが見える気がし、彼方への眼差しや視野が拡がります。

高みからの光は、多様な表情を示します。刺すような直射光、穏やかで柔らかな陽射し、

高窓から光が降り注ぐ
柔らかな光が、高さ7.5mある棟近くの窓から格子天井、2階ホール、1階居間に届きます。

棟まで拡がる吹き抜け
温度差がほぼないなら、吹き抜けは気持ちいい。

霞のような淡い光、一様な静かな光。刻々と陰影が変化し、空間の表情が移ろいます。夏期には強い光にくっきり陰影が浮かび、冬期には奥まで差し込み光が温かい。そして、月明かり、星明り。見て触れる光の感じは、千変万化です。

③暗闇の深さがあります

夕暮れになると、部屋の隅から暗くなり、天井から闇が降りてきます。高い天井ほど暗闇が深くなり、「暗闇効果」が大きくなります。間接照明や壁の灯りをつけると、吹き抜けが浮かび上がります。深い薄暗さの下で手元の灯りがぬくもりを誘い、落ち着いた話が弾みます。ほのかな闇を見上げれば、やすらぎを感じ、眼差しが過去と未来に行きます。月や星の光でくつろげば、遠い世界に想いがひろがります。寝る前のリラックスに最適です。

また暗闇が消え去るひとときも魅力的です。空間が薄明に輪郭を現し、暗闇が追いやられ、徐々に白み始めます。コーヒーの香りを楽しみながら、一日を思います。日の出で弾ける大きな朝がきます。

④家族の一体感をもたらします

「大きな屋根の下」の家族の一体感は、吹き抜けで実感できます。一、二階が一つの空間

高窓から光が溢れる吹き抜け

吹き抜けの表情が陽光・陰影、灯りによっていろいろ移り変わります。

天井高さと空間の表情

空間が高いほど暗闇の深さが増します。

で結ばれ、いつでも一つに感じられます。住まいの中心となり、家族が集い共に時を過ごす空間にぴったりです。楽しいとき、華やぐとき、お祝いのとき、場が盛り上がります。一・二階の視線が通り、声がかけやすく、家族の気配が感じられ、気遣いができます。

⑤ 感覚刺激が多い

空間の変化は五感を介して身体制御や空間認識と連動し、脳は状況をいち早く掴もうとします。いろいろな空間情報があることは、脳にとって刺激となります。天井高さと吹き抜け高さのいくつもの変化があると、視線の移動が横に加えてたて方向の動きが活発になります。高みから光と陰影の移り変わりは、情報を活発にし、視線を上方に誘います。陽光は、穏やかさから厳しい表情まで角度と強さを違えてやってきます。舞う風もいろいろです。窓で縁取られる景色も飛び込んできます。樹木、空の色、雲、月や星が移ろいます。

空間の拡がり・深さが音を弾ませ・優しくもし、ライブな音感をもたらします。天井高さの違いは、頭上の軽やかさの違いを感じます。高さの違う空間を行き来するとき、切り替わりを体感します。天井の高い空間に移ると、気がふっとゆるみます。

いろいろな空間と窓

吹き抜けの注意点…とても魅力的ですが

①温度差と空気の淀み

一階が二階や小屋裏と一体の抜き抜けは、夏は二階が熱く、冬は一階が寒くなります。冷暖房効果が良くありません。また、上に上がった空気が淀みます。と、今まで言われてきました。これは、家の気密性と断熱性が悪く、空気循環に配慮がなかったためです。

ネオマフォームなどフェノール樹脂系の高性能保温材や断熱性の高い窓を採用するなど断熱気密性能を次世代省エネルギー基準以上にします。そして建築全体の空気循環を工夫することで、温湿度の差はほとんどなくなり、空気の淀みもありません（同時に木部全体を空気に曝します）。吹き抜けがそのまま空気の循環に役にたちます。

②音と匂いの拡散

一・二階一つになった空間を介して、音と匂いはそのまま拡散します。音は、家族同士の気配りが要ります。特別な音の発生源となるピアノ室やオーディオルームは、部屋側で吸音遮音対策が要るケースがあります。一方、大きな空間と吹き抜けの吸音効果は、響きを良くします。音楽鑑賞や楽器演奏には好都合です。

匂いの発生源となるキッチンや食堂は、専用の換気扇を設置します。建築基準法で二四時間換気が義務づけられ、新鮮空気との交換がありますので短時間で匂いは解消されます。

③高い位置の窓や照明器具

吹き抜けの二階に設ける窓やトップライトは、開閉には遠隔操作できる装置がありますが、掃除に困ります。そのためには、二階に足場となるキャットウォークを設けたり、ロフトから手の届く範囲に設置します。

照明器具は、吹き抜けの天井には設けません。脚立《きゃたつ》で届く範囲の壁に全体照明やアッパーライト・間接照明器具を設けます。吹き抜けの上部は、夜間深みのある空間になります。

④構造的な強度

平屋部分の屋根の小屋裏がそのまま吹き抜けになっている場合と、二階建ての一部の床が抜けて吹き抜けとなる場合があります。台風や地震の横からの外力に対して、適度な耐力壁の配置が大事です。また床面の水平強度も同時に大切で、吹き抜けは欠損になります。補強をしながら、水平耐力面のバランスをよくします。

⑤ 建築費

外から見た形が同じなら吹き抜けがある場合、床がない分だけ建築費は安くなります(床面積は小さくなります)。同じ床面積で吹き抜けがある場合は、外観が大きくなり、中の空間が増えるだけ高くなります。開放的な造りにすることで、廊下やドアや引き戸を少なくして、建築費を抑えます。

Column

高みの空間

宗教・民俗学者のM・エリアーデは、人類は誕生以来、空・太陽・星・山・大木など高みへの憧憬・畏怖をもってきたと言っています。高さは、憧れです。

ドイツの哲学者のルートヴィ・クラーゲスは、人は何故二本足で起ち上がったという問いに対し、「より遠くを見るために」と答えました。開けた情景が浮かびます。

1990年代のCMに「大物は天井の高い家で育つ」というフレーズがありました。ミサワホーム総合研究が300人の大物政治家、財界人、芸能人、作家などに直接会って取材をしたり、生家を調べたところ、共通していたことは"生家の天井が高かった"ということでした。ありそうに思えます。

世界のトップ・アスリートやエグゼクティブスは、共通して朝早く起きます。そしてまず大きく伸びをします。眠りという仮死状態から再生してスイッチ・オンします。と、スポーツ・メディカルコンディショニング・ドクターの今井美香さんから聞きました。天井は高そうです。

祝祭空間は、華やかです。住まいでのお祝い・お祭は、暮らしのアクセントです。晴れやかで高みのある弾ける空間が似合います。

脳科学的にみると 天井の高さ

脳は、いつも新しさ、珍しさ、違った動きや初めて見るものといった変化を求めています。周りの環境の変化に敏感です。変わらないと、いつも同じだと反応がなくなります。慣れが、決まりきった生活習慣が、ワンパターンが脳を眠らせてしまいます。いつまでも元気で前向きな人生を送るには、新しい経験を積み重ね、反応＝行動していくことが大切です。刺激・変化に対して、感動し・声を出し・考え・手足を動かし、環境に働きかけていくことです。

一つの住まいで長らく暮らしていると、何不自由なく過ごせます。慣れで、住めば都です。ぬるま湯のごとく、心地よくなります。しかしながら、人の成長には、脳の成熟には、足かせになる恐れがあります。とはいえ、身の回りがいつも同じことはあり得ません。時と住環境が移ろい、家族が経験を重ねていきます。確実に変化はあります。ただ、日々の変化は微細で、感じられないほどです。感性も鈍ってきます。意識的に変化をつくり、求めたいものです。

ヒトは意識的に鏡をみる唯一の種です。自分というものを見つめます。同時に見られることを意識します。自分以外を意識し、ヒトとの関係を思い、社会性にもつながります。住まいを自分の目で、家族の目で快適な雰囲気にしていきます。そして、客人や通りすぎる人の目を気にかけます。家族の暮らしを第一に考えますが、周りの評価も気になります。人の訪問や周りの住環境の変貌は、はっきりした違いであり大きな刺激になります。でも、日常的ではありません。

住まいに変化をもたらすものは、取り囲む自然、住まいのつくり、人の動きです。時と共にうごく太陽・月・星・雲・風・気温・湿気、草花や木々や鳥や昆虫など小動物が、巡る季節に合わせて多様な変化をもたらします。空間的に伸びやかな吹き抜けは、感覚情報量を増大します。そこでは、目が空間のあちこちを追いかけます。視覚だけでなく、聴覚・嗅覚・体性感覚もより活動するようになります。

そして人の動き、特に垂直な動きは、身体的な負荷が伴い、変化をより強く受けます。立つ・座る、段差を踏むことは変化を伴います。さらに開放的な吹き抜けの中を上がり降りするときは、情報刺激がいっぱいです。特に光が頂上や高窓から入り、陰影を刻み、飛び込む景色がきれいで、風を感じ、家族の語らいが聞こえるときなど、情報量が増えます。何か新しいものを発見します。動きを伴わない視線だけの上下移動だけでも、情報はふんだんです。階段で立ち止まり、何かと心が動き、美しいとか感動し、声をあげ、家族に声をかけるといったことがあると住まいのつくりが生きてきます。開放的な吹き抜けに、家族が集い、階段があるのは、より変化を期待できます。

「天井高さの変化が、消費者の情報処理する方法に影響を及ぼす」という研究レポートをミネソタ大学のマーケティング専門のメイヤーズ＝レビー教授らが二〇〇七年八月に発表しました[★1]。天井高さが二メートル四四センチ（アメリカの住宅の中流クラスで低い方の標準的な高さであり、いくつかの典型的近隣ショッピング域の小売領域高さ）と三メートル五センチ（中流クラスで高い方の標準的な高さであり、現代的な都市モールの店の高さ）の部屋で、高さが意識されるように準備され、三つの実験（三〇人の参加者が一二のつづり換えを解く、一〇〇人の参加者が一〇の異なるスポーツ分類とコーヒーテーブルとワイン・ラックの写真観察評価、三四人の参加者が六つの異なるカテゴリー三六アイテムを記憶再生）が実施されました。

結果は、天井高に顕著さがあるとき、「高い天井」対「低い天井」が、「自由」対「制限」の感覚や「関係性（相互依存の概念は統一全体として）」対「アイテム特有（独立の概念は客観的な実体として）」の捉え方、さらに処理タイプは「統合と抽象的」対「別々で具体的な」考え方を、うながすことを示唆しました。消費に関連した考察で、「より高い天井室の消費者は、簡単に重曹と水を高価な銀のよごれリムーバーの代用にでき、あるいは宝石を曇るのを妨げるために手軽なプラスチック密閉膜容器に保存できると、気が付くかも知れない」と記されています。小売業者の話として、「たとえば、しばしば解釈するのが難しい抽象芸術を特徴とするアート・ギャラリーは、関係性の処理を促すであろう高い天井をインストールすることを望むかもしれません。それでも、より具体的な、詳細を満たした具象的な芸術を特徴とするものは、アイテム特有の処理を促す低い天井から利益を得るかもしれません」と紹介されています。

言い換えると、高い天井は自由な発想、いろいろな関係を見つける、抽象的なアイデアをまとめる、新たな工夫に向き、低い天井はルールに従う仕事、個々にものを見る、現実的なものを具体的に考えるのに向く、ということです。「おおらかさ」と「細やかさ」の違いでしょうか。

「天井が高く開放的な空間は、美しい」「囲われている感じの空間から出たい」という研究レポートがトロント大学のオーシン・ヴァルタニアン氏らのグループから二〇一四年一一月に発表されました[★2]。一八人（女性一二、男性六）の参加者に各二〇〇枚の写真を提示し、「美しい」か「美しくない」か、その空間に対して「入りたい（近づく）」か「出たい（避ける）」かを尋ねながら、脳の反応を機能的磁気共鳴画像法（ｆＭＲＩ）で観察しました。写真は、高い天井か低い天井か、開放的か閉鎖的な空間かの四つのタイプからなります。空間を実際に体験するのではなく、写真を見ての判断です。過去の経験から写真の空間をイメージしての回答です。

結果は、「低い天井より高い天井を美しい空間として判断する傾向がある」「天井の高さは、近づくか避けるかの決定には影響はない」「開放的な空間は、美しいと感じやすい」「囲まれた感じ＝閉鎖的な空間は、出たいと感じやすい」と、あります。

ｆＭＲＩでは、より高い天井を持つ部屋において「左楔前部と左中前頭回（視覚空間処理でのよく確立した役割を持つ二つの構造）で活性化を観察した。」「高い天井の部屋に対する美的な好みは、視覚空間の探査と注意を支える背側視覚路に位置する頭頂と前面の構造で活性化するように見えます。」「予測に反して、美しさ判断の流れにおいて、愛情・情緒・喜びと報酬を下におく脳部位においてより高い天井に関する活性化を観察しませんでした。」と、あります。

説明では、標準的な天井高二メートル四四センチより高い天井に対し願望があること、高い天井が開放的な視覚空間の探索を促進し、また視覚的にも動的にも透過性があること、閉鎖的な空間を避けるのは恐れの反映があって視界が生き残りに関係するかも知れないことを示唆しています。

言い換えると、高い天井は、空間を目で追いかけて、感覚を刺激します。高くて開放的な空間は、美しいと感じます。

以上二つの研究レポートから、天井が高くて豊かな空間は、脳を刺激して、自由な考えを促して、抽象力と創造力を引き出す可能性が大きいのです。

★1＝The Influence of Ceiling Height: The Effect of Priming on the Type of Processing People Use／JOAN MEYERS-LEVY AND RUI (JULIET) ZHU／*JOURNAL OF CONSUMER RESEARCH* August 2007

★2＝Architectural Design and the Brain: Effects of Ceiling Height and Perceived Enclosure on Beauty Judgments and Approach-avoidance Decision／*Journal of Environmental Psychology* 11／2014

［暮らしの中心となる場と一人一人がゆるむ場――1］

8 感覚刺激に溢れ、家族が集う場がある　かつての囲炉裏のような

住まいには竪穴住居以来、赤く燃える炎が中心にありました。炎には、生命を感じます。今日では、火災の恐れ、燃焼ガスの屋内への散出、薪の入手が困難、効率悪く不便、などから家から直焚きの炎はなくなりました。開放型ストーブは、高気密住宅では使用できません。庭での焚き火、紙などを燃やすことにも遠慮が要ります。残された炎は、燃焼コントロールされた青い炎のガステーブルか、燃焼ガス屋外給排気タイプのストーブしかありません。赤い火は、生活の場から失われています。キャンプファイヤが心に炎を呼び覚まし、懐かしさと余韻を残します。野外バーベキュウの楽しさは、直火があってこそです。住まいにゆらめく炎を求めるなら、今は薪暖炉とペレット・ストーブしかありません。

伝統的な民家では、屋内に囲炉裏やかまどがありました。囲炉裏は、煮炊き・灯り・暖房などの役を果たし、また暖気・煙が柴を乾燥し小屋裏そのものを燻《いぶ》してきました。

囲炉裏はいつも家族が集い囲む場で、五感を刺激する、暮らしの中心でした。その上部

は、小屋裏の棟までつながる吹き抜け空間でした。今日からみると、1：煮炊き・食事、2：団欒、3：子育て・躾け、4：暖炉、5：照明、6：衣類乾燥、7：空気循環、8：材の乾燥・燻蒸、9：炎・煙・湯気・火の粉の舞い、10：高い吹き抜け、11：深い暗闇、といった多様性を持つほどです。

囲炉裏は、味わう、嗅ぐ（料理だけでなく、薪が燃える匂いや煙など）、触れる（炎の熱気、湯気、火花など）、聞く（薪が弾け、炎の勢いなど）、見る、という五感情報がいっぱいです。その良さは、12：家の中に動きがあることです。子どもも大人も囲炉裏の回りに座り・横になり、炎、火花、煙、湯気の動きを追います。立ち上るそれらの姿は、いろいろな表情を示します。視線が絶えず誘われます。また、13：夕方になれば火を薄暗さが包み、親密な雰囲気の空間になります。話が弾みます。

とても魅了的な囲炉裏を現代に持ち込みたいものですが、囲炉裏そのものの設置は困難です。いくつかの役割に分けて採り入れます。

①炎を囲む食事：　屋内では真ん中に開閉自由な炉を組み込んだ食卓を椅子で囲みます。火は、雰囲気優先なら炭火です（頻度が高ければガステーブルで）。鍋ものや鉄板焼などを楽しみま

白川郷神田家の囲炉裏

す。お湯を囲めば、コーヒーやお茶にします。時間をかけて話が弾みます。専用の排気は、卓上か天井で捕らえます。また、庭に屋外炉を設けて、休日などに直火をおこします。屋根・ベンチ付きの固定炉でも可動簡易炉でもＯＫ。家族や仲間と普段とは違う雰囲気を楽しみます。

②炎を囲む採暖：　薪ストーブやペレット・ストーブを設けます。ガラス越しの炎と暖かさを囲みます。本格的なものは薪ストーブですが、扱いやすいのはペレット・ストーブです。薪ストーブの火力は確実ですが、維持費がやや高くなります。少し薄暗い中、ゆらぐ炎が打ち解けた雰囲気をもたらします。子どもが火の暖かさ・熱さ・動き・強さを感じます。

③温かみのある灯り：　白熱灯、蛍光灯やＬＥＤの電

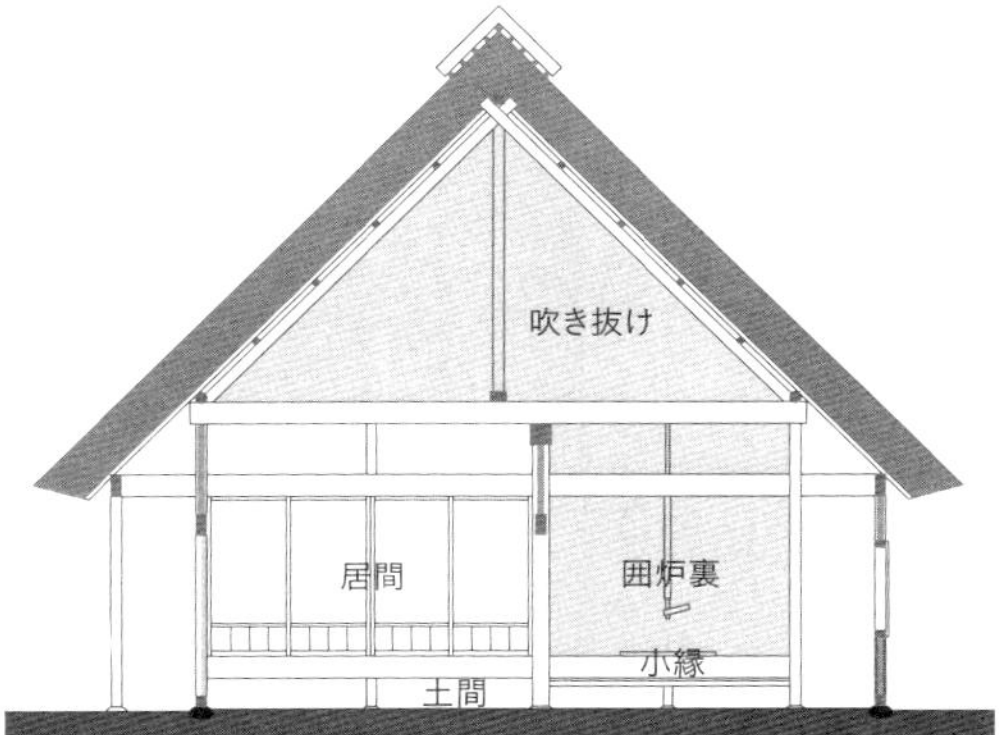

民家の断面
囲炉裏が暮らしの中心にあり、空間的にも家を支えていました。

ペレットストーブのあるコーナー
炎の動き・熱が周りを暖かい雰囲気にします。

球色の照明器具を使います。間接照明や壁付けの器具にします。背景は、木や土など自然素材が温かみを増します。暗闇に浮かび上がる温かい灯りは、人を集め穏やかにします。

④棟までの高い吹き抜け：食堂・居間から二階へ、そして屋根裏の棟までの吹き抜けにします。屋根面で断熱をとり、構造材や屋根化粧天井を現《あらわ》しにします。天窓や高窓をとって光を招き、間接照明やスポットライトを組み込み柔らかな空間を楽しみます。視線が上へと導かれ、気持ちが前向きになります。夜には暗闇効果で親密さをもたらします。

⑤**保温・蓄熱性**：　伝統的な民家は、高床で開口部が多く開放的な造りでした。でも、朝方の冷え込みは厳しくなかった様子です。囲炉裏の火種と厚い茅葺き屋根の保温・断熱と土壁・木材の蓄熱性が大きかったと考えられます。住まいの構造材・下地材・仕上げ材は、保温・蓄熱性に優れる木や土（土間・土壁・レンガなど焼き物）を多用するのが適しています。

⑥**空気循環と木材乾燥**：　囲炉裏による空気の流れは下から上への一方通行ですが、屋根裏では構造材と茅をくまなく乾燥し燻してから排出します。雨・雪と夏期の湿気を追い出し、虫予防します。現代の木造の家でも、構造材をはじめとする木の乾燥は、耐久性のためにも重要です。冬期には乾燥気味の暖房空気を、夏期には除湿空気を家全体、床下・壁の中・屋根裏まで循環させることです。上った暖気を床下まで戻すのは、換気扇＝中間ダクトファンです。一、二階の温度差・湿度差をなくすことにもなります。春・秋は、二階、屋根裏に上がる暖気を全体に攪拌します。

⑦**立ち上る動きに替わる階段**：　民家から囲炉裏がなくなるころ、家は二階建てが多くなり階段が設けられてきました。階段は暖気を上らせますが、階段そのものに動きはありません。

居間·食堂にある階段
いつも暮らしの中心にあって、家族を見守る階段です。

小上がりの掘り込み座卓
食堂そのものが掘り込み式で、春から秋は掛け布団なしです。

替わりに体自体を上下に移動させて、視界や空間の変化を体験します。すごく大きな変化です。毎日何度も上下運動と空間移動をします。階段は、住まいの隅じゃなくて、居間の近くに設置し、動いて・見て・見られて楽しいものにしたいものです。

⑧**彫り込み座卓**：囲むという意味では、ダイニングテーブルやテーブル＆ソファより彫り込み座卓のほうが、落ち着く雰囲気があるように感じます。食事やお茶やおしゃべりに合っています。カードゲームや、将来的には立体映像テレビを囲むのも良さそうです。

⑨**囲炉裏そのもの**：離れのゲストハウスや別荘ですと、実現できそうです。規制のない地域で、防火と排気には十分な配慮が必要です。冬期の排熱は、熱を回収しながら空気循環と組み合わせるといいでしょう。構造材・下地材・仕上げ材は、木や土がいいです。

⑩**暮らしの中心性**：一番大切な点です。みんなが集う、感覚情報が多い、視線と空気の動き、吹き抜け、食事、採暖などをひとつながりの空間でつくります。食堂や採暖コーナーとつながった居間が棟まで吹き抜け、取り巻く形で階段があり、高窓・天窓あり、庭ともつながる姿でしょうか。

Column

住まいの中心性

ハレとケ（非日常と日常）の区別が薄れてきました。家父長的な形式がなくなり、冠婚葬祭を外で行い、住まい全体が普段の暮らしの場になっています。それでも住まいの中心性は、大切に思われます。

伝統的な文化を採り入れるには、床柱・床の間付きの座敷が欲しい。生け花・掛け軸を飾り、お茶を点てる。柱・梁の真壁構造には、大黒柱を通す。諸外国からの客人には素敵なおもてなしになります。

日常の場の中心は、皆が集まる居間・食堂・台所、そしてつながる吹き抜け空間です。ここでは家族の祝いの場になります。誕生会、接客、季節の行事などです。

人でいえば、お母さんが主人公。家族の様子に目配せしながら、賄い・家事に忙しい。温かな明るい東南の場で笑顔が似合います。

そして、背骨としてどっしり感のお父さん。居場所は、いろいろでしょう。

また、精神的な中心が欲しいものです。人によってニュアンスは違いますが、心を無にする場、跪く場、呼びかける場、祈る場、心を預ける場などです。年に一度のことか、毎日かも違います。対象は、大宇宙の生命、大自然の摂理、人智を超える導きでしょうか。その窓口・場は、遠い世界から届く光射し込むところ、大黒柱、床の間、大きな梁が見える深い小屋裏、庭の大樹などです。

脳科学的にみると

囲炉裏と炎

囲炉裏は、もう五〇年以上も前に実生活からなくなり、脳科学的な実証はできません。ただ、多面的な暮らしがあり、身体感覚が総動員された様子はうかがい知れます。

炎を囲む生活は、人類の有史以来のことです。洞窟とか竪穴住居が思い起こされます。ゆらめく炎、燃え盛る炎、とらえどころのない炎、消え行く炎など、火は生命そのものにも譬えられてきました。炎に郷愁を感じるのは、ヒトの深い記憶のなかに火との長いかかわりがあるのでしょう。

現在、脳科学では神経細胞の活動を「発火」という言葉で表現します。神経ネットワークの中で無数のシナップスから情報が伝えられるとき、無数の発火があります。脳の中に不規則に無数の炎が点いては消えています。茂木健一郎さんは、次のように述べています［★1］。

〝脳の進化というものは、非常に長い時間をかけて起こってきました。文明生活は脳の進化にとっては本当に短い時間の出来事であって、我々の脳はむしろ、我々の祖先が生きてきた生活環境に適応しているといえます。当時は炎が唯一自分たちを守ってくれる存在で、おそらく炎を囲んでみんなで語り合ったり、料理をしたり、天敵から身を守ったりしていた。そのときに我々の祖先が感じていたことを感じられるような脳の回路が、我々の中にはいまでもある。ですから、例えば一度も焚き火を見たことがない子どもでも、焚き火を見ると、何か懐かしさのようなものを感じる能力があるわけです。

実は、脳は炎と似ているんです。炎はゆらめいていろいろと形が変化しますよね。脳の中の神経細胞の活動もそれと同じようなものなんです。刻々と形を変えている。生命の本質とは、そうやって常に変化するものだといえるのではないでしょうか。〟

また囲炉裏は、五感のすべてを誘う装置です。炎・煙・火花・湯気・匂い・暖気・影が生まれて、揺れ動き、消えていきます。変幻自在です。受け取り方も、家族それぞれです。食べ・飲み・話し、手作業し、見つめ、思い、憩います。変化の多い刺激的な装置でした。それと普段の暮らしの中心でした。家族が集い、顔を合わせる結節点でした。

囲炉裏そのものを今日的に再現するのは困難です。いろいろな工夫が望まれます。

★1＝ウィズガスCLUB主催「第3回食育指導員養成講習会」2007.11.02より

［暮らしの中心となる場と一人一人がゆるむ場——2］
9 お気に入りの場　ゆるむ空間がある

大事なことが思い出せない、どうしようかと思い悩む、考え詰めてもうまく糸口が見つからない、仕事に行き詰まって困り果てる、などということがあります。何かの拍子でひらめくことがあります。

①創意工夫のきっかけ

ひらめきにも軽いものから凄いものまであります。普段の暮らしの中で思いつくもの、専門的な知識と経験の積み重ねから生まれるもの、創造的な活動の一瞬に出合うものなどいろいろです。無からは、何も生じません。意識されない蓄えられた情報がふっと顔を出し、組み合わさって姿を現すのでしょう。住まいが、創意工夫のきっかけや前向きな生き方のヒントを提供することがあります。ひらめきが浮かぶのは、どんな場合でしょうか。

まず夢の中で、次いでお風呂の中が多いでしょうか。他には、人によっていろいろなケースがありそうです。ぼっとしているとき、歩いているとき、散歩しているとき、軽い運動をするとき、トイレに入っているとき、緑に目を休めるとき、コーヒーの香りに一息入れるとき、電車やバスの中で、などがありそうです。おしゃべりしているときに何かを思い起こすこともあります。

② ひらめく状態

どんな状態のときでしょうか。夢見るときと、入浴のときを例にしましょう。

睡眠は、薄着で布団に入ります。無防備です。暗闇の中、静かに横になってゆったりします。重い上半身が重力から開放されます。目を閉じれば一人の世界です。視覚など外からの感覚情報がありません。浅い眠りの時、夢の中では思考や論理を働かせる脳の前頭前野が一部休んで、不安や喜びの感情中枢が活発に視覚的イメージを連想します。このとき思いもよらないアイデアのヒントに出合うようです。

お風呂は、非日常の感覚があり、母胎の感じでしょうか。一人、裸で、温かいお湯にゆったり、手足を伸ばします。体がほぐれ、筋肉が弛緩し、気持ちが落ち着きます。水の浮力で軽くなり、解放感があり、心身をゆるめ、リラックスします。お湯が肌をなでる気持ちよさ、水遊び感覚です。アロマオイルなどの香り、BGM、灯りの変化があるかも知れません。体感・触感が目覚め、嗅覚が働き、聴覚・視覚がぼんやりします。汗をかき、血行がよくなり、疲れが抜けるようです。ストレスを忘れます。心身ともリフレッシュしていると、アイデアが横切ります。

ひらめくときは、緊張が解けて、気がゆるむときのようです。癒されているときです。難しい思考や論理的な頭のスイッチを切り、外からの情報を抑えているときです。防御を外してくつろいでいるとき、身構えずにほっとするときです。一人でいるときか、自分だけの世界に浸っているときです。

③ ゆるむ空間

ひらめきやアイデアが浮かぶ住まいは、どんなつくりでしょうか。それは、ゆるむ空間・時を設けることです。お気に入り＝マイ・フェイバリット空間・時間です。マイスペース、マイコーナー、マイスポット、マイルーム、マイタイムをつくることです。

発想・創造・創意工夫のきっかけやひらめきは、いつもと違う時間の流れや空間に移るとき、縛りやルールやタガが外れて頭が軽くなるとき、自分の世界に没入するとき、何かがスイッチを押します。集中が途切れるとき、圧が抜けるとき、緊張が外れるとき、雰囲気がふっと変わるときに出合います。それらは、住まいの心地良さと小さな変化がもたら

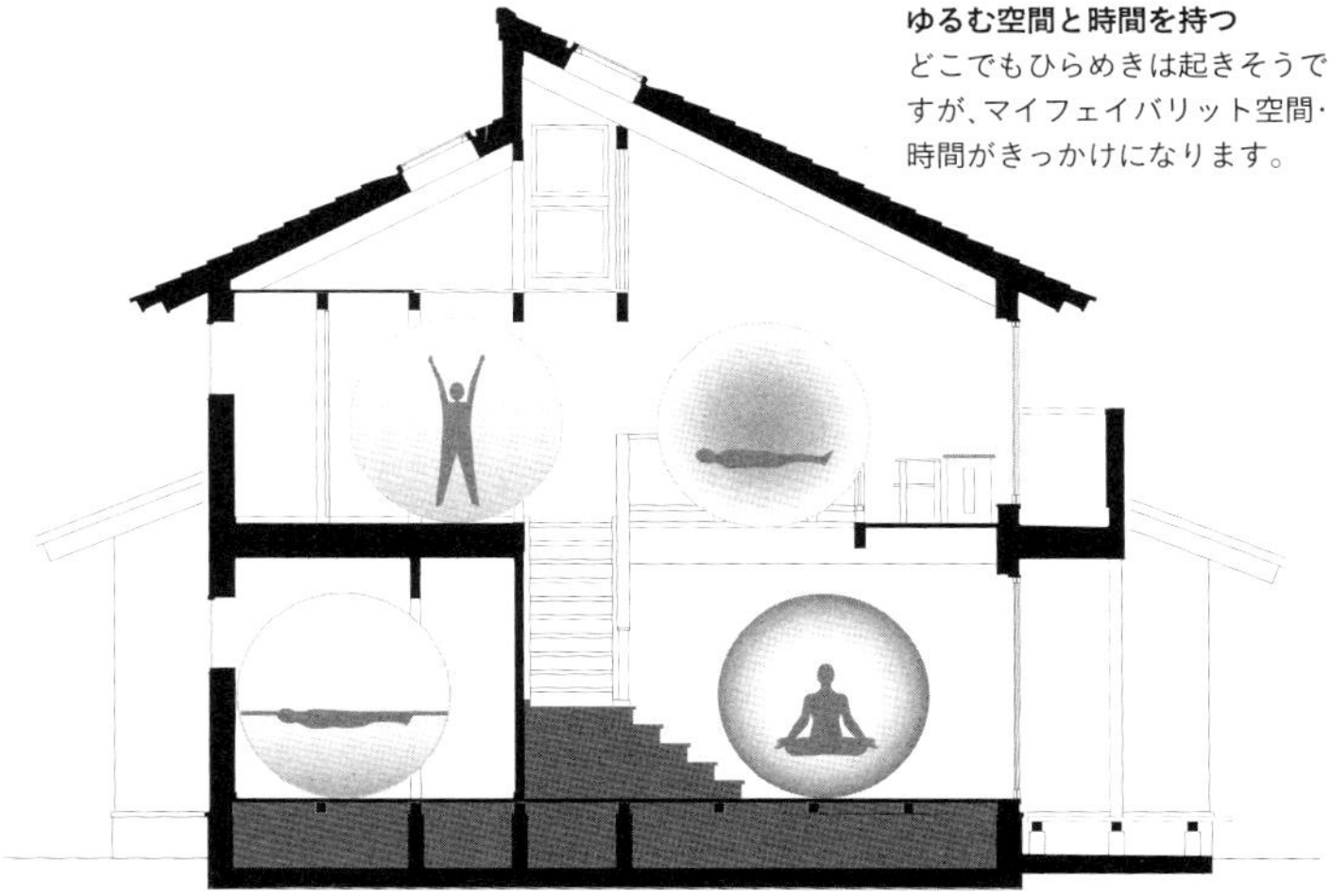

ゆるむ空間と時間を持つ
どこでもひらめきは起きそうですが、マイフェイバリット空間・時間がきっかけになります。

します。ひらめきは、学校や仕事場での緊張や集中のあとに、とても気になること・頭にひっかかることがあって、時間や空間を違えたとき、ゆるみで生じます。

その場合、家全体をひらめき空間するかと言えば、きっと必要ないでしょう。ひらめきの瞬間は、身の丈の空間があれば大丈夫です。背景が大事です。住まいが「安全で安心でき快適な場」になっていれば、あとは個人的な好みや習慣です。吹き抜けで遠くに思いを馳せる場とか、奥まった快適な席とか、違いはあるでしょう。どこで自分の世界に没頭できるかです。きっかけや道具が要るかもしれません。目を閉じて視覚を絶つ、音を遮断する耳栓、コーヒー・紅茶の香り、静かさの中に鳥のさえずりや肌をなでる風があるとか。個人の体験や思い巡らし方が関係しそうです。

気がゆるむ空間や時間のため、一人の空間、家族それぞれの部屋やコーナーは欲しいものです。子どもだけでなく、大人にも、夫婦別々に欲しいです。書斎、趣味の部屋、マイデスクなど。確保が難しい場合、天井の低い穴蔵的な部屋も選択肢です。階段の踊り場の下や床下に設けます。あるいは屋根裏に隠れ家的なロフトを設けます。みんなの吹き抜け空間との違いがはっきりして、しっくりくるかも知れません。

睡眠しながらのひらめきを期待するとすれば、2章に述べた快眠を誘う寝室がいいでしょう。枕元には、紙とペンの準備が要ります。

家族みんなで使う共用の部屋は、時間をずらして一人で占有します。狭くて安全・安心の場です。浴室やトイレがそうです。身軽な状態でゆっくりでき、ひらめきが出そうです。少しゆとりのある広さやインテリアや設備が望ましいでしょう。

家族みんなで時と場を共有する食堂・居間・茶の間などでは、気をゆるめる時間をとれるでしょうか。一人になれる早朝や深夜、一人休みの日はチャンスです。伸びやかな開放感のある吹き抜けで、空間の変化、窓の眺め、光と影の動きなどに目をやりながら、くつろいだ時にします。まどろみの中にアイデアが浮かぶ場合があります。

みんなが一緒にいる場合、それぞれが自分のことをしている時間があります。一人別の世界に入り込めば、おしゃべりや音は遠くになります。空想・想像の世界の入口です。軽いストレッチやヨガで筋肉をほぐしての気分転換や、夜は間接照明の灯を落として雰囲気を柔らかくするのも、ひらめきを呼びやすくします。

Column

癒しの空間とゆるむ空間

住まいを一歩出れば、時間・もの・人が待っています。よそよそしいか競争的かです。現代社会は、ストレスがいっぱいです。ハードワーク、騒々しさ、ときに事故や犯罪に出合う危険などプレッシャーが重層的です。住まいは、オアシスであって欲しいものです。

住まいのキーワードに、「心休まる」「くつろぐ」「ほっとする」「心地よい」空間があります。外での気づかい・緊張や疲れから、心身とも癒したいのです。住まいでは身体と気持ちを休めてリラックスして、明日のために修復・再生します。そのためにも家族の食事・団らん、心地いいお風呂、快適な睡眠などがあります。

住まいには癒しの空間が不可欠ですが、ゆるむ空間と重複します。ゆるむ空間は個人的な時間と場です。生活上とか勉強・仕事上で何か課題を抱えているとき、ひらめく機会を持てそうな空間です。あるいは、うとうとと夢をみる場です。

Column

直観とひらめき

ひらめきに近い感じに直感、あるいは直観があります。感覚的に心がうごくのが前者、みきわめる・遠くまでみるのが後者です。直感・直観は、いくつもの選択肢・課題や問題が迫って、それに対して切り抜けるよう瞬時に答えを出します。状況に対して即断即決です。勘で未来を言い当てます。たとえば、サッカーの試合において混然としたゴール前でシュートに見せかけスルーパスを出す、監督がロスタイムに状況打開策で投入した選手が勝ち越しのゴールをあげる、など一瞬の判断です。また、緊急にビジネス・パートナーをいくつもの相手から選ぶとき、十分な判断材料があっても最後は直観で決める場合があります。

直感・直観は、経験の蓄積に負うところが大です。感覚的な感性を豊かに育み、いろいろ学び・体験し、思考の積み重ねなどを背景に、新たな出会いにほぼ間違いのない判断を下します。場数の多さです。ぬるま湯での体験より厳しい状況での体験が有効で、環境と体験が直感・直観力をつくっていきます。

「状況判断と瞬時の動き」は、何かに似ています。小さいころの遊びです。仲間と野山を駆け巡るとき、自然を感じながら起伏や他の動きに合わせて瞬時に身体を適応させます。機敏性や融通性などを身につけていきます。この身体記憶が、スポーツや思考に応用されるのではないかと思います。

一方、ひらめきは意識の一時空白、間のあとにやってくるものです。それまで思い悩んでいたことがらが、晴れ渡って鮮明な像がうかびます。合点がいき、「うん、そうだ！」と。すごく思い考え悩んだあとの、ゆるみの時間が必要です。

脳科学的にみると　夢

ユニークな着想を夢にみたという報告がいくつもあります。

高校の有機化学の分野で亀の甲羅型をしたベンゼン環が登場します。普通では思いつかない不思議な姿です。これはアウグスト・ケクレ（1829-1896）が提唱しました。彼は、うたた寝をした時に連なった原子が蛇のようにうねり、さらに一匹の蛇が自身の尻尾に噛み付きながら回っている夢を見て、ベンゼンの環状構造を思いついたといわれます。

もう一つ、化学でおなじみの元素周期律表の話です。ドミトリ・メンデレーエフ（1834-1907）は、夢の中ですべての元素が原子量の順に並んだ表を見て、目を覚まし即座にその表を紙に書き、原子量の順と化学的特性の周期性を思いついた、といわれます。

機械の発明の話です。ミシンは二つの糸のやり取りで生地を縫います。一方は、針先の穴に糸を通します。アイザック・メリット・シンガー（1811-1875）は、夢をみました。蛮族に捕まり、槍を持つ戦士に取り囲まれ、その槍の先には丸い穴が空いていた、ということからすぐ応用しました。

これらのエピソードは後付けで、夢で語られたのかも知れませんが。しかしながら、ありそうなことです。

起きているときに集中して考え巡らしても解決策が見つからないことは、よくあります。大脳の前頭連合野が一番活躍しています。寝ると脳は休むわけではありません。活発に活動します。休むのは、前頭前野と嗅覚を除く感覚です。すると前頭前野の拘束が外れ、情動フィルターがゆるみます。眠りのなかでは、マインドセットの書き換え、記憶の整理・更新があり、辛いことの癒しまであると言います。眠っているときは視覚・聴覚が遮断され、秩序だった思考や意思がありません。一時的に記憶された最新の記憶や蓄積された記憶が自在に飛びかいます。視覚的・空間的な断片が脈絡なく夢に登場します。

悩み続けているとき、考えあぐねているとき、ふと夢の中で思いもよらない記憶の断片と出合い、解決の糸口になることがあります。いいアイデアが浮かびます。ひらめきです。うたた寝したり、ぼんやり気がゆるむときには、同じような状態です。頭を空っぽにできるお気に入りの場・時が大事になります。住まいは、重要な空間・時間になります。

働き・学び・運動するなど活動的な場面では、瞬時に的確な判断や動きができることがあります。状況に応じてすばやく解決策を見出す人のことを「できる奴」とか「切れ者」といいます。

この場合は、直感・直観力が優れています。いろいろな実体験、人の話、本や映像での体験、考えてきた蓄積などから、ベストの答えを見つけてきます。

プロ棋士の脳活動の実験記録があります。時間があるときは、入門者とプロとの差はほぼありません。判断時間が短くなると、差がはっきりでます。プロは前頭前野を活性化することなく、帯状回とその廻りを活性化します。つまり通常のようには「考えない」のです。即、最適解を出します。

なんども繰り返しの体験・思考・運動は、その判断がショートカットされます。考えている時間がないのです。日常的に考え・意思決定する前頭前野が活動するスタイルで考えるのではないのです。大脳基底核が活性化します。ここは繰り返し行った知識や経験を長期的に記憶される場所で、過去にどれだけの経験が積み重ねられたかが大きく関係します。また、小脳が働き、視床から線条体・被殻、さらに前頭前野・運動野の経路があると言われます。

直感は、乳幼児から子どもの間はいっぱい身体を動かし、その後は多くの体験や知識を積むことによって生まれそうです。

［基本的な形状］

10「できる」を育む住まいの姿

ここまで述べてきたⅠ～９のつくりを一つの住まいにすると、どんなふうになるでしょうか。九つは、それぞれ関係し、重複する面があります。どれも重要です。が、住まい全体からみて優先的に決まってくるつくりがあります。

基本となるのは、居間吹き抜けを巡る、あるいは吹き抜けを望む階段です。感覚刺激に溢れ、家族が集う場にあり、一・二階を一つにします。居間の空間は一階だけでなく、階段の踊り場・踏み段、二階の廊下や共用スペースに、さらにロフト・小屋裏に拡がります。吹き抜けは、うねるように立ち上がっていく感じです。家族の思いが、光が、風が交錯します。この居間の吹き抜けと階段が中心となります。ここに天窓や高窓から朝の光が射し込むのが望ましいのです。どこからも窓越しに移り変わる庭や空の風景が見てとれます。体を動かし、見て・聴き・体で感じて、移ろい・変化を楽しむ。家族が立体的に顔を合わせ、気配を感じ、話しかける機会が多いつくりです。

住まいの中心となる主空間は立体的な居間で、吹き抜けていて階段があります。ここに連なって東に食の空間があり、小上がりがあり、マイ・コーナーがあり、多様な自然を採り入れる住環境があるなど他の七つのつくりを重ねて行きます。次に中規模の住まいの間取りをいくつか示します。

六つの事例

事例1　延べ床面積＝約一五四㎡

一階は、真ん中にL型の階段が居間の吹き抜けにあります。踊り場の高さは一メートルほどです。居間の東に食堂があり、三帖の小上がりが付きます。西にはもう一つの居間があり、接客や趣味の部屋に、将来は寝室にも転用します。東には台所・家事コーナーがあり、北に洗面・浴室・トイレが並びます。

二階は、階段吹き抜け回りに廊下と共用の机コーナーが巡ります。東に子ども室が、西に寝室（二部屋使用も可）です。建具が少なく開放的で、プライバシーが欲しいときに閉じます。

一、二階とも、階段・吹き抜けの回りをぐるりと回ることができます（回遊性があります）。子どもが追いかけっこしたり、迂回路になります。

住まいの断面イメージ
巡る吹き抜けと階段+感覚情
報の多い高性能な外皮。

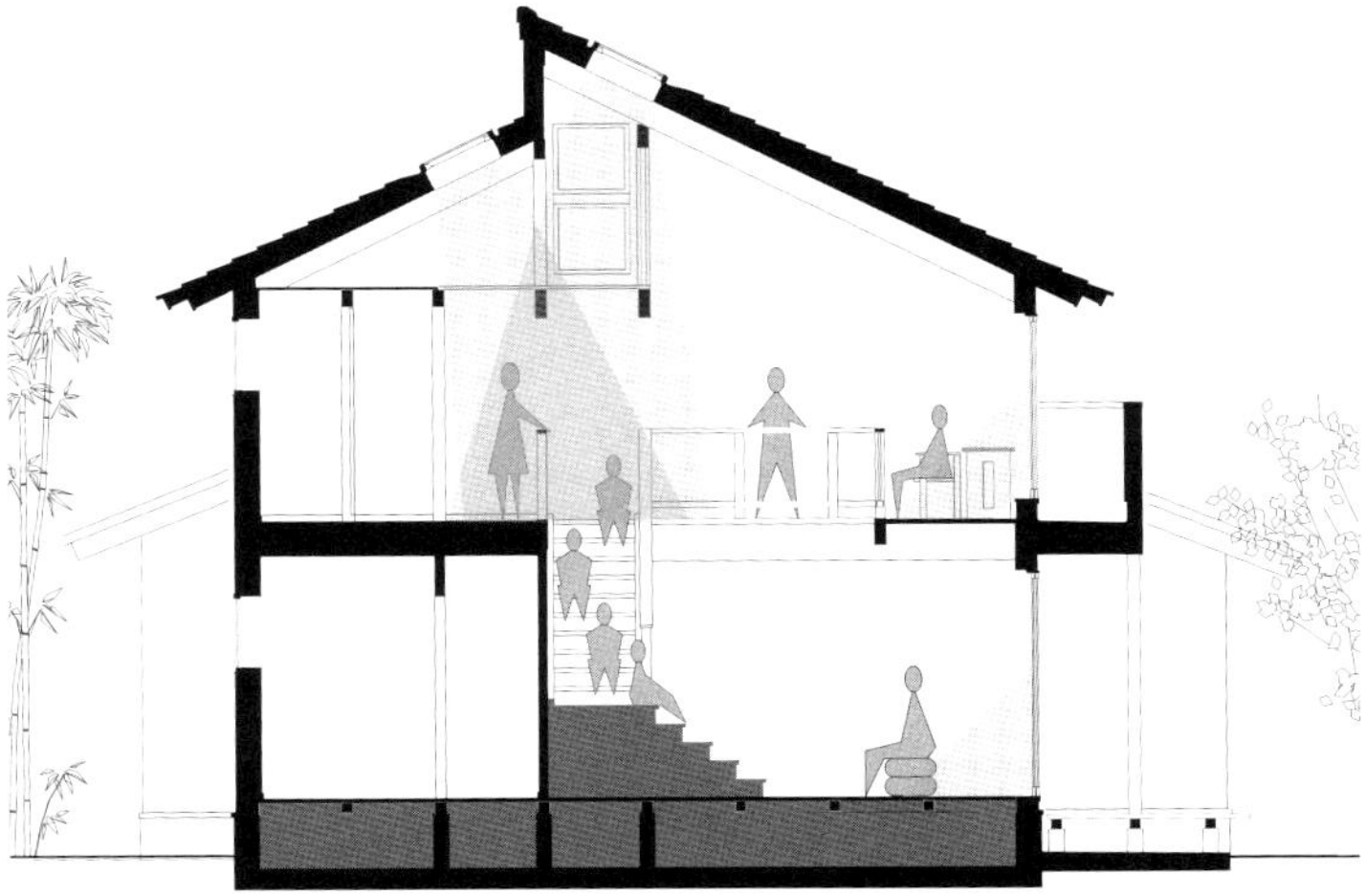

断面図
1階·2階とも回遊性があり、棟までの吹き抜けと階段が住まいを一つにする。

事例１

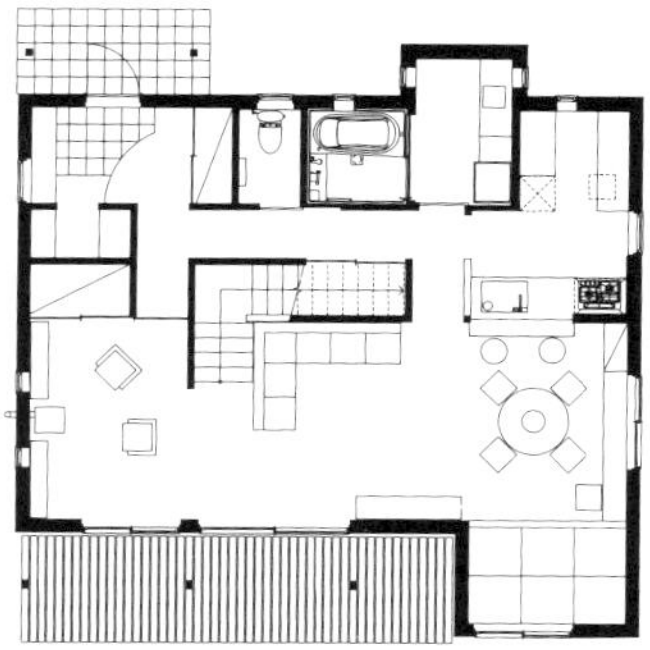

１階平面図

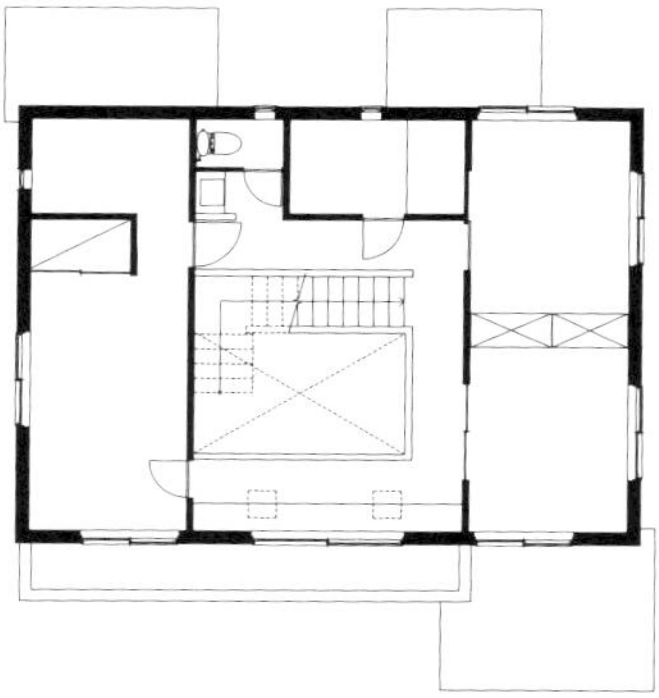

２階平面図

事例２

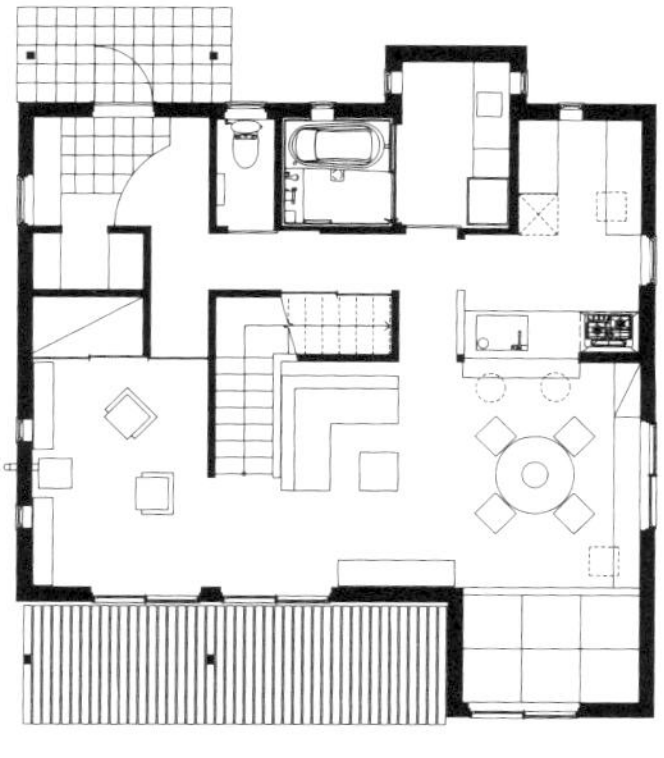

１階平面図

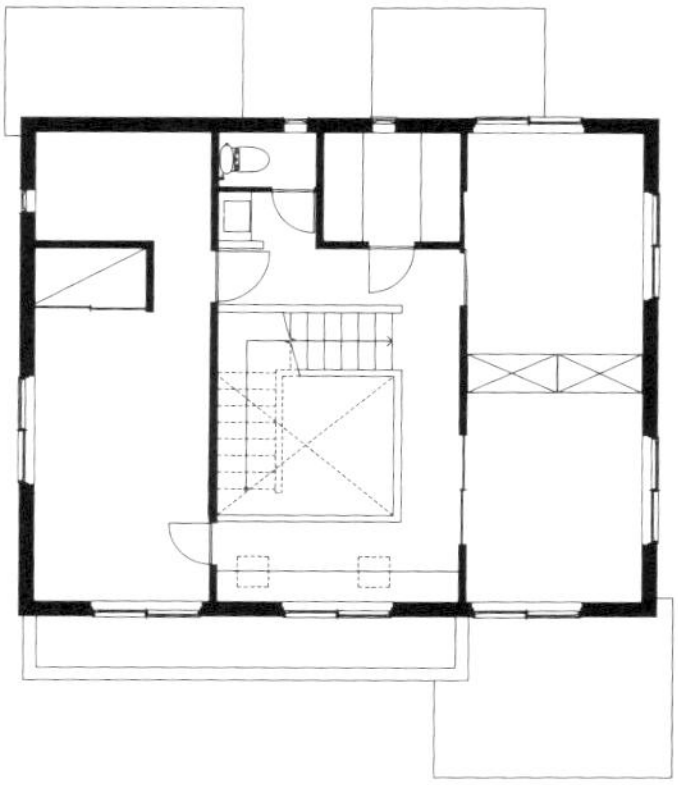

２階平面図

二階の吹き抜け南には、みんなのコーナーがあります。日当たりよく、勉強・書斎・家事・趣味といろいろ使えます。

事例2 延べ床面積＝約一四三㎡

階段の踊り場が、ほぼ中間でL字に折れます。事例Iより東西の間口が九一センチ狭い。居間がコンパクトな感じになります。

事例3 延べ床面積＝約一四三㎡

事例2と同じ間口・奥行きです。階段がU字に折り返しながら、居間吹き抜けを上り下りします。踊り場が、ほぼ中間にあります。一階の廊下がなくなり、居間・食堂が広くなります。一階の回遊性がありません。

事例4 延べ床面積＝約一二五㎡

事例3より東西の間口が一八センチ狭く、二階の個室がコンパクトになります。一、二階とも回遊性がありません。

事例３

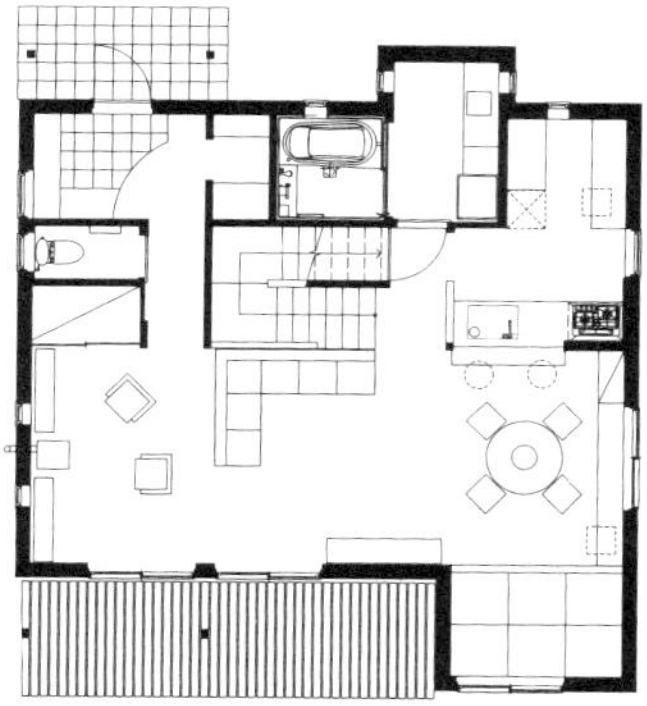

１階平面図

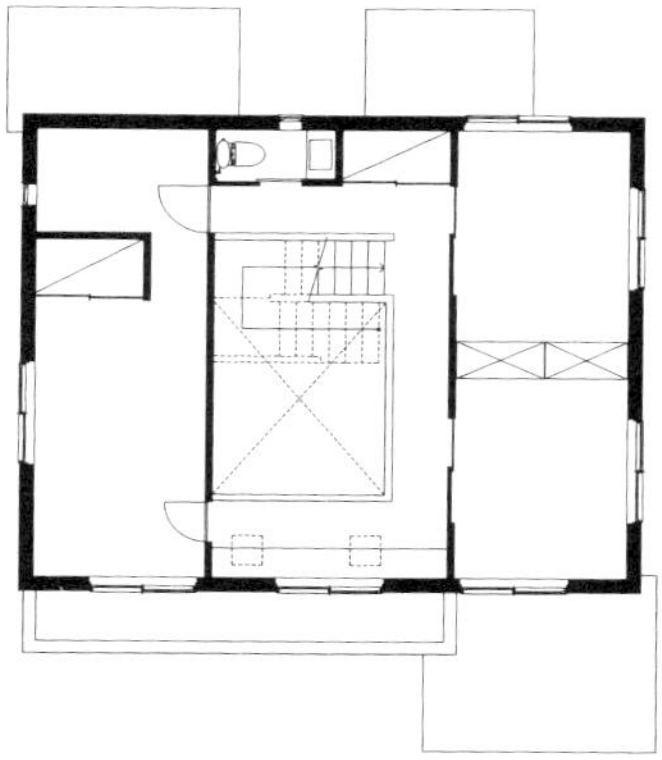

２階平面図

事例４

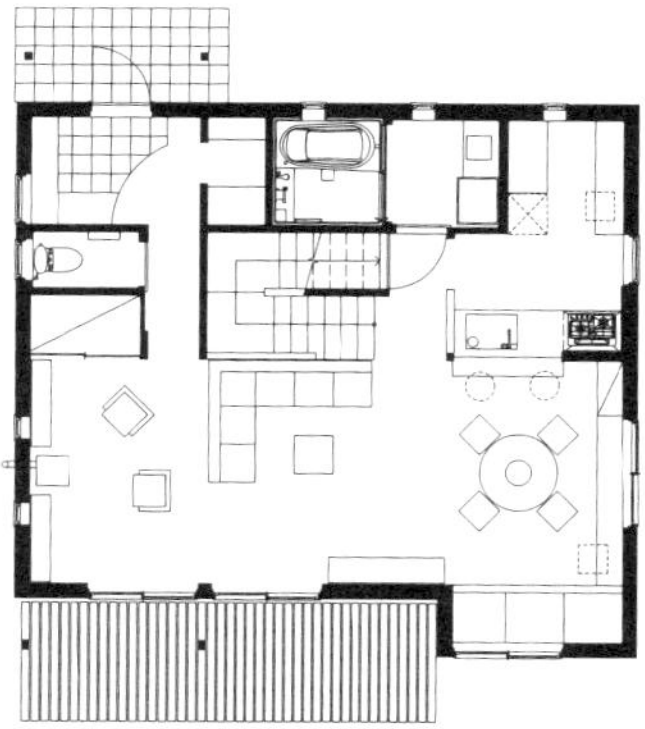

１階平面図

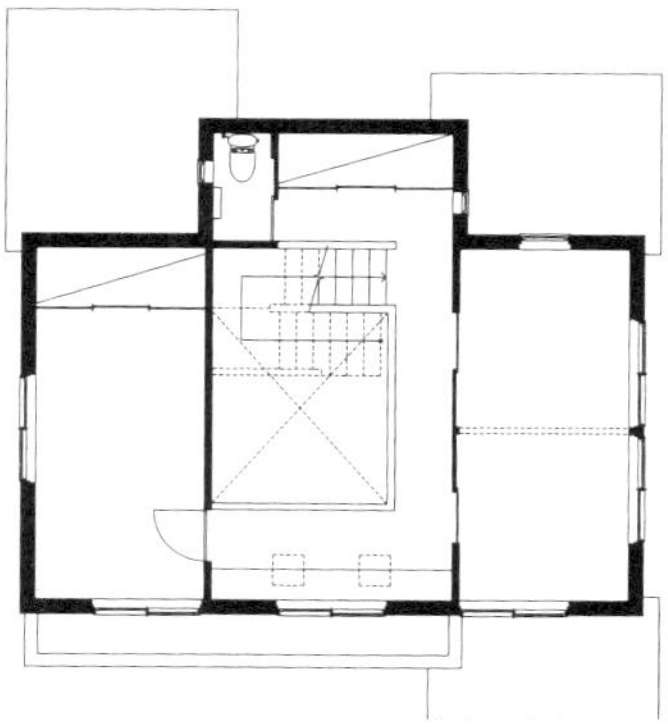

２階平面図

事例5

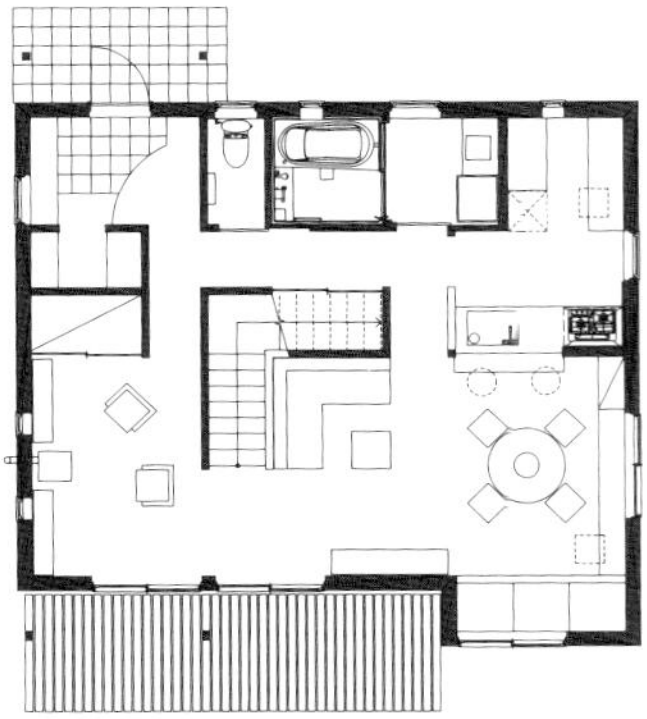

1階平面図

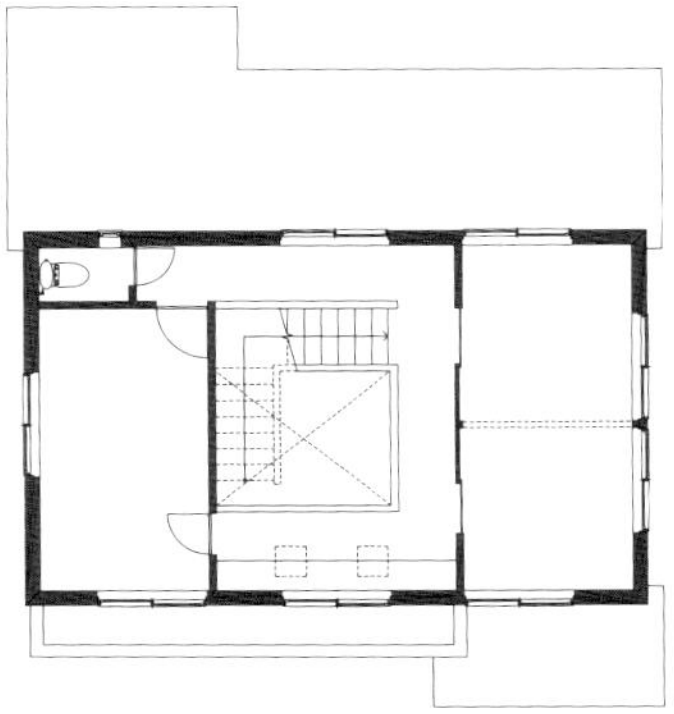

2階平面図

事例6

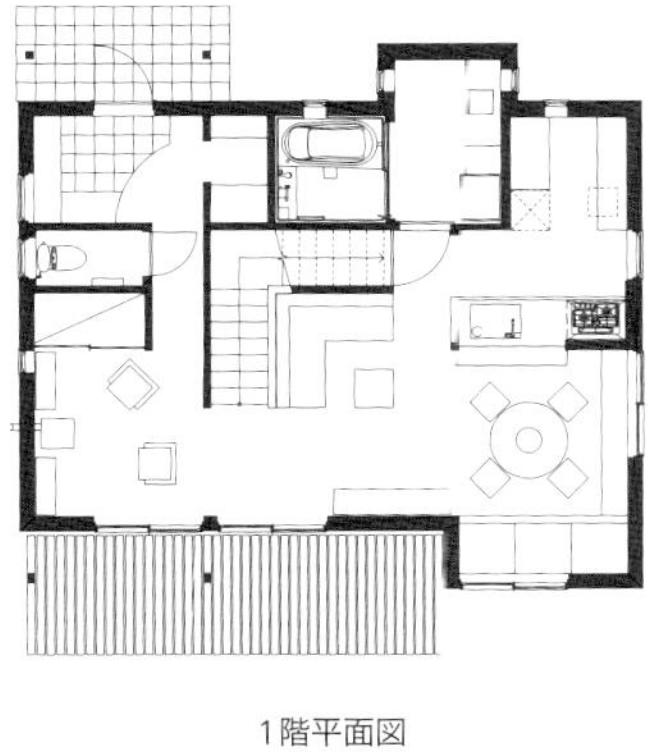

1階平面図

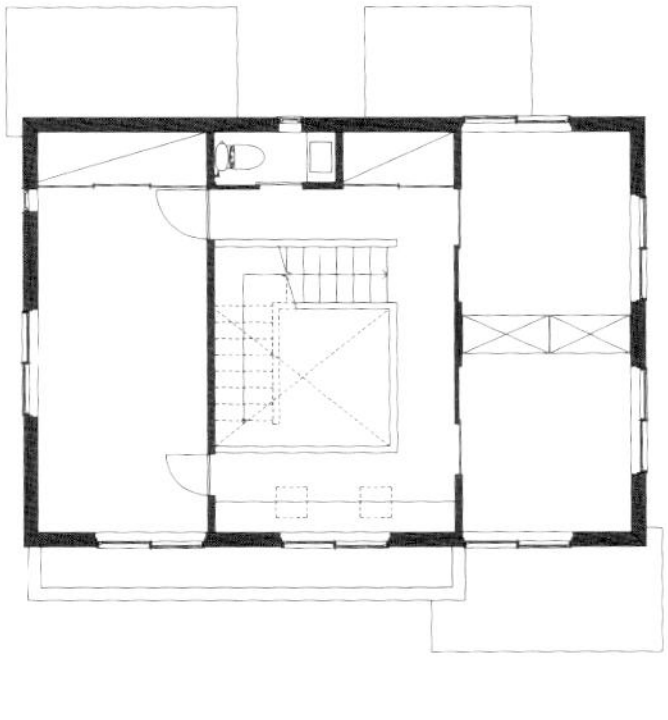

2階平面図

事例5　延べ床面積＝約一二〇㎡

事例２より東西の間口が一八センチ狭い。一階の小上がりと洗面脱衣がコンパクトに、二階の奥行きが一八二センチ小さい。一、二階とも回遊性があります。

事例6　延べ床面積＝約一二〇㎡

事例２より東西の間口が一八センチ、奥行きが一〇〇センチ狭い。一階の廊下がなく、小上がりがコンパクトになります。一階に回遊性がありません。

Column

明るく、楽しく、活動的に

子どもたちの置かれる状況は、三無現象と言われて久しいです。「時間無し」「遊び場無し」「遊び仲間無し」です。良くなっている兆しはありません。残念ながら各家庭で対処するしかありません。お父さんが朝食前に子どもと散歩や軽い運動に出かける、休日には数家族一緒に自然のなかに遊びに行くことを習慣づけるしかないのかも知れません。

住まいのなかで、子どもが鬼ごっこや取っ組み合いをすると大抵親に叱られます。屋内の運動はヨガ・ストレッチ程度で、縄跳びや太極拳はもう外でします。走るほどの広さは普通にはないのですが、幼児には大きな世界です。子どもが跳んだり跳ねたりするのは、大目に見たいものです。多様な感覚刺激のなかで、リズミカルに階段を上り下りしたり、スキップして軽やかに歩いたりするのは、気持ちがうきうきします。スポーツや身体を使う遊びは、野外で自然を五感で感じながらするのが当然です。でも、特に子どもには、住まいも格好の遊び場です。

住まいは、家族の活動的な暮らしを包み込みたいものです。野外とは違う日々の生活の積み重ねは、身体・健康・感情・心・思考・脳などへの影響は大です。家族の成長・成熟を見守る住まいが、明日への揺りかごとなります。

Ⅲ 伝統的な民家の特徴

日本の伝統的な住まいは、「家族の成長・成熟のための空間」から見ると、どんなふうだったのでしょうか。今日の住まいとの大きな違いは、土間と囲炉裏と階段の有無です。ヒントがありそうです。参考にするのは、幕末から明治にかけて子ども時代を過ごした志ある人の生家です。私は今まで大きな武家屋敷や庄屋の民家・商家を見てきましたが、改めてやや小さな民家を見学しました。

二〇世紀後半から、高度経済成長とともに大都市に人口大移動があり、住まいは大きく変わりました。明治維新以降、欧米文化・技術の採り入れが盛んになり、住まいも影響を受けました。伝統的な住まいは、日本の近代化以前、農業が中心の地域経済の中にありました。暮らしが生業とともにあり、建築材料はすべて自然素材で、地域の風景に溶け込んでいるようでした。それらの民家のほとんどは、木造ゆえ使われなくなると老朽化が激しく、今日に残っているものは僅かです。造りのしっかりしたお代官屋敷や地主の家屋が保存されていますが、普通の住まいは消え去ろうとしています。

脳科学的な考えを建築的に見直しているとき、まず思い浮かんだ民家は坂本龍馬の生家でした。歴史小説に描かれる龍馬は、織田信長とならぶ桁外れの人物です。現地を訪ねてみましたが、残念ながら明治期に人手に渡り、戦災で一体が焼け野原になり、すべて灰に帰していました。上町という郷士（＝下級武士）・職人・商人の街の一画に、土塀や生け垣に囲まれた三〇〇～六〇〇坪の敷地にあったというだけで、何も資料が見つかっていません。幸い高知には、武家屋敷や郷士・豪農の住宅、幕末の志士の生家が保存され、江戸末期の住まいがイメージできました。

他でも地域が輩出した偉人の生家は、いくつか残され保存されています。そのなかに幕末から明治にかけて子ども時代を過ごした、志ある人の生家があります。ここでは、岩崎弥太郎、中岡慎太郎、豊田佐吉、柳田國男の生家の様子を示します（志ある人の生家）。共通の特徴を見ながら、「できる」を育む住まいの参考にします。

①自然に寄り添って建つ

敷地は、豊かな自然環境の中にあり、まわりには軽い高低差があります。農作業をする土間庭と、樹木が茂る座敷庭、前・後庭があります。南と北の開口部は大きく、板戸・障子を開ければ、前庭から後庭まで抜けて内外が一つになります。樹陰の間から風が吹抜け、大地に近い暮らしがあります。

外観は、急傾斜の茅葺きの大屋根と緩やかな瓦葺きの軒先屋根があり、軒・庇が深く、彫りの強いものです。どっしりとした大きな屋根と支える柱・梁が軽やかに見えます。軒、濡れ縁、縁側、沓脱ぎ石が内外をつないでいます。

外から開かれた屋内をみれば陰影が濃く、室内に座ると庭や空が飛び込んで来ます。


「できる」を育む住まいに生かしたい点は、五感に入る住環境の情報を増やすことです。多様な自然が身近に感じられ、動き・移り変わりが傍らにあることです。

実際、大地へ近く、親しみが欲しいものです。草木・花の彩りや匂い、鳥のさえずり・虫の音や昆虫の飛来、季節の風と香り、新芽・新緑・開花・緑の繁茂・結実・紅葉・落葉・冬枯れの木立といった自然の息吹を感じたいものです。

また、空の色、雲の形と流れ、陽光の角度と強さ、雨のふり方、月や星の動きは、気づくたびに違います。屋内からの眺めに採り入れ、暮らしの友にしたいものです。

そして、直に触れるものは、自然素材が合います。地域でとれたものが地域に馴染みやすく、省資源にもなります。何より、人に馴染み、熟成していく感じが魅力的です。

外部と屋内の関係は、中間の空間を設けて、親しみやすく開放的にしています。雨が多くて夏の強い陽射し対して、深い庇や軒、濡れ縁やウッドデッキを設けて過ごしやすくします。暮らしの幅が出てきます。

②高床式からくる上がり下がり

高温多湿という風土は、土から離れた高床式の住まいをもたらしました。同時に、上下の履き替えが始まりました。足の蒸れを避けたのか、水が豊かで足を洗うという清潔好きだったのか、柔らかな板が素足に気持ち良かったのか、理由ははっきりしません。

二つの特徴があります。一つは、住まいは庭・土間と高床の二つのレベルで暮らしがありました。仕事に深くかかわる土間が、大きな面積を持ちました。屋内作業場であり炊事など家事の場であり、主に主婦の活動の場でした。土間は、育児・子育てにも活躍したでしょう。土間にムシロやゴザを敷き作業する母の傍で、幼児は休み・遊びました。

もう一つの特徴は、土間と高床の四五〜六〇センチの段差です。履き替えの場でもあるので、水で足を拭うのに良かったのかも知れません。大人でも一気に上がるのは、勢いが要ります。階段状にすることなく、高床の手前に小縁をつくるか、沓脱ぎ用の木の角材や半丸太を置き、二段としました。それでも大きな段差です。きっと鍛えられたでしょう。体力が弱くなれば、一度腰掛け、体を回して上り下りしたでしょう。

土間のある生活は、幼児・子どもにとってチャレンジングだったでしょう。ムシロやゴザで横になれば、床は高く、天井のない屋根裏はとても高いものでした。幼児は立ち上がって縁を伝い歩きし、歩き始めると懸命に段差・縁をよじ登り降りました。子どもは機敏に上がり下りして楽しかったことでしょう。幼児・子どもの視線は、母に、作業に、土間に、高床・縁に、小屋吹き抜けを巡りました。

玄関・通用口と土間は、大きな敷居・框が内外を分けていました。座敷庭・作業庭と屋内は、軒や庇が出て、濡れ縁・縁と沓脱ぎ石がありました。

「できる」を育む住まいに生かしたい点は、床の高さに変化をつけることです。腰掛けほどのレベル差を採り入れます。頻繁な動きと、見上げ・見下げる視線が生まれます。幼児・子どもの身体制御と空間認識の体験の機会を多くし、成長を助け、運動能力を高め、脳を刺激して、大人の体力維持にも貢献します。

それは、住まいの中に三〇〜四五センチの床レベル差を採り入れることです。屋内に土間・小上がりを、屋外に濡れ縁・ウッドデッキ・テラスを設けます。

③いくつもの天井高と抜ける空間

民家の大屋根の茅葺きは厚く断熱性がよく、冬暖かく夏涼しい。屋根裏はそのまま現しにして、囲炉裏やかまどの煙と熱気で乾燥し燻します。土間やかまどや囲炉裏の上部は、吹き抜けで棟まで開放されています。一部薪や柴を乾燥させるために板天井を設けたり、燃えかすの落下を避けて天井張りが併用されます。

床のレベルは、土間、土間付の縁（小上がり）、板の間、畳の間、庭側の縁・濡れ縁がありま す。天井は、いくつもの高さの組合せがあります。中でも囲炉裏のある板の間は、棟まで届く高い空間です。昼間でも薄暗く、夜は火の灯りが闇を照らし深さを増します。視線は、目の前の炎・家族の顔から火花・煙が舞い上がる上方まで動きがあります。

「できる」を育む住まいに生かしたい点は、天井高の多様性です。いろいろな天井高があり、屋根裏の棟まで高さを利用します。現代の家は、屋内で火を焚いて直に排気することはなく、燃えカスや煤は発生しません。また屋根のつくりが変わり通気層や気密シートを設けたりして、下地の土などがこぼれ落ちることもなくなりました。屋根裏を活かすことが、住まいの空間を豊かにします。ロフトを設けたり、うんと高い吹き抜けや連なる吹き抜けを設けます。天窓や高窓を付ければ、明るく、光の変化を楽しめます。

暮らしの中で空間の多様性、身体と視線の動きは、脳に変化に富んだ感覚刺激情報をもたらします。特に、子どもにはわくわくする体験になるでしょう。

④感覚刺激に溢れ、家族が集う暮らしの中心となる場

囲炉裏や竈は、火のある食の中心だけでなく、暮らしの中心でした。暖を採り、灯りとなり、お茶を飲み、団欒の場でした。

囲炉裏は、五感を刺激する装置でした。燃える薪や煙の臭いを嗅ぎ、湯気・煙・暖を体感し、薪の弾ける音・炎の勢いを聞き、揺れる炎・飛び散る火花・立ち上がる湯気や煙を見て、鍋・鉄瓶・串の温かいものを嗅ぎ・味わいます。薪の種類や乾燥度の違い、食材が違い、寒さ・湿気の違い、体調の違いもあって、日々微妙な変化をもたらしたでしょう。

囲炉裏は、残す火種で保温もし、衣類の乾燥もし、子育て・躾の場ともなりました。

そして囲炉裏には、動きがありました。炎・煙・湯気・火花・灯り・影・熱気が揺れて立ちのぼっていきます。座る度に何度もそれらを追いかけたことでしょう。

「できる」を育む住まいに生かしたい点は、中心となる場であり、感覚刺激に溢れ、動きのあるものの導入です。住まいは、これからも家族みんなの食事と憩いが暮らしの中心になっていくでしょう。一人一人の時間と場も大切になっていきます。そこで時と場を共にする空間を一つの連なりにしていきます。見える範囲、気配の感じられる範囲、振り向けば顔が合う範囲といった立体的な空間に、みんなの生活が重複できるようにします。そこに

いろいろな動き、感覚情報を採り入れます。

志ある人の生家――①岩崎弥太郎

岩崎弥太郎（1835.01.09-1885.02.07）は、高知県井ノ口村（現安芸市）の地下浪人（郷士の株を売った浪人）の長男に生まれる。維新回天を実業面で支え、三菱商会設立後海運事業を発展させ、三菱財閥の礎を築く。弥太郎と弟・弥之助、長男・久弥を産み育てのは、この家と教育熱心な母と旧安芸街の海と山（当時、材木・薪・炭を大阪へ廻船で出荷）。山裾近くでなだらかな平野へと続く里山は伸び伸びとした遊びの場となったでしょう。

幼き時には、家が中心。内玄関と農作業・お勝手をする広い土間、段差の大きい上がり、囲炉裏端、棟まで吹き抜ける小屋裏、どれも身体制御や空間把握に刺激的です。

土間は内と外の暮らしの間にあり、いつも行き来し、五〇・六〇センチの段差も子どもには大きな変化です。普段の囲炉裏端の上がり、北の縁の上がり、晴れがましい玄関や居間の上がり、祝い事の座敷の上がり。土間や囲炉裏端からの見上げは、吸い込まれるほどに視線が動く。囲炉裏では煙・炎・火の粉・匂いが、時に反射光が立ち上がる。やんちゃな弥太郎は、駄々をこねながら、好奇心一杯に先を追ったでしょう。

生家は一七九五年頃の古家をもってきて建てたもので、当時の中農の標準的な構えです。

岩崎弥太郎生家

南の正面
軒先瓦、大屋根茅葺きの平家、右に座敷と囲われた座敷庭、正面が玄関、左にタタキ玄関、左と奥に別棟の穀物庫。

西北の外観
右に勝手口、左に明かり採り、その奥に囲炉裏端の縁側、手前は穀物庫の軒先。

広い土間
2×4間。夜・雨の日・冬期の作業、穫り入れの一時保管、家事など暮らしの中心。

勝手口から土間・囲炉裏端をみる
手前に竈、左に流しの明かり採り。

内玄関土間の小屋裏
棟まで続く。

暮らしの中心の茶の間·囲炉裏端

勝手土間、囲炉裏端の上の小屋裏

囲炉裏端の北の縁
ここの出入りも頻繁。

東南のアプローチから竹垣越しに見る
大イチョウが迎えてくれる。

北東の外観
手前の4帖半で岩崎弥太郎とその弟·岩崎弥之助(三菱の二代目総帥)、弥太郎の長男·岩崎久弥(三菱の三代目総帥)が産声をあげる。

志ある人の生家——②中岡慎太郎

中岡慎太郎（1838.05.06-1867.12.12）は、高知県安芸郡北川村柏木の庄屋の長男に生まれる。維新回天に人力した幕末の志士。坂本龍馬とともに近江屋で襲われ重傷、二日後二九歳七ヶ月の生涯を閉じる。慎太郎が暮らした家は、転売・移築後、一九〇七年の台風で流失。現在の建築は、没後百年祭に一九六七年一一月一七日に復元されています。

慎太郎を育てたのは、土佐湾から二里ほど登った山里の北川郷です。起伏に富む林野・田畑を駆けめぐったことでしょう。さらに母親の育児に加えて住まいのつくり、土間・縁・小上り・大框・囲炉裏・吹き抜ける小屋です。

幼児にとって腰近くもある上がりを日に何度も上下移動、見上げると高い高い空間が拡がる。囲炉裏端では、炎が揺らぎ、火の粉が舞い、煙が立ち上る。深みがあり恐ろしい程の闇ともなる棟に始終目線を移動。高みを意識させることになったでしょう。朝夕外に出て、屋根の空気抜けから起ち上がる煙の先に何かを見たのでは。

志ある人の生家——③豊田佐吉

豊田佐吉（1867.03.19-1930.10.30）は、現・静岡県湖西市の貧しい農家兼大工の家に生まれる。小学校を卒業後、大工の修業を始めて、一八歳のころ手近な機織機の改良を始めました。

中岡慎太郎生家

座敷庭からみる外観
とてもバランス良く綺麗。

生家の正面外観
端正な佇まい。

調理し飲食し、採暖し、団欒し、躾け、もの干し、育児·教え、暮らしの中心の囲炉裏端

家事と家内作業の土間
上がりは大きく、幼児には全身使う運動。

囲炉裏の上に拡がる棟と小屋
煙で燻し材を保護し、暑さ・寒さをしのぎ、暮らしを包む。

土間の上に拡がる小屋

北の縁からの和室
茅葺きの平家で、天井高はゆったり。春から秋は、涼やかな風が吹き抜けそう。

玄関取次からみる座敷など畳の4間
背筋がぴっと伸びる清清しい空間。どこからか来るのか、いい緊張感です。

L字の茅葺き、コの字の瓦葺き
陰影が深い。

玄関脇の広縁と和室
7歳から四書を学ぶ。ここで勉学か。

豊田佐吉生家

南正面より見る
素敵なプロポーションです。

南西より見る
大きな茅葺に瓦葺の軒先が続きます。元の住まいは奥の一段高い位置にあった。

玄関土間
作業土間を兼ねた。

台所土間
右奥に竈2基。

三和土の軒
作物や器具の仮置き場にも。

土間から見る小屋
棟まで吹き抜ける。

土間からの上がりは45cmほど

玄関土間から見る居間・奥6帖と物入・板敷き

奥6帖から見る土間側の居間8帖と茶の間

北面を見る
東面唯一の開口が竈上の煙抜き。北面の手前が勝手口で、敷居兼土台がある。

生家は、父伊吉が佐原家から独立して豊田家を継いで住んだ所。佐吉、平吉、佐助、はん、佐吉の長男・喜一郎が生まれる。湖西地方の農家の形を残している、といわれる。浜名湖の西岸の小高い山を分け入った旧遠江国敷知郡山口村。南に水田、背に林のあるなだらかな丘の斜面に建つ。一段高い奥の竹藪の位置に江戸期末に造られものを、一九九〇年に移築復元されました。

間取りは、間口二間の玄関土間と台所土間が東を貫いています。土間の西は、南側に畳敷の八帖・六帖と物入れが並び、北側に板敷の七・四帖と六・五帖が並びます。天井は、奥六帖が竿天井、他三室が竹と葦の天井、土間が小屋現しです。

囲炉裏はなく、竈が二基あります。炊事は土間で簡易な食堂も兼ね、藁細工・竹細工などは玄関土間で作業したのでしょう。竈の煙・暖気は小屋裏・棟に向かいます。裏山には松林があり、脂で灯火を採った模様。土間と上がりの段差・吹き抜けがポイントです。

志ある人の生家――④柳田國男

柳田國男（1875.07.31-1962.08.08）は、兵庫県神崎郡福崎町西田原（旧田原村辻川）の三代続く医者の松岡家の六男に生まれる。二七歳で飯田の柳田家の養子となり柳田姓を名乗る。農商務省の高等官僚になるかたわら民俗的なものへの関心を深め、四五歳退官後在野で研究に専念。柳田民俗学を開拓・確立した。柳田國男は八人兄弟で、三人が早世し、五人が名を残す。長男松岡鼎が医師・政治家、三男井上通泰が国文学者・歌人、七男松岡静雄が言語学者、八男松岡輝夫が日本画家として活躍した。

生家は、辻川という部落の往還に面し、板塀に囲まれ簡素な門を持ち、父が建てたものです。回りはなだらかな野山と田畑です。人の手に渡った後、一九七四年に現在地に移築された。ここに父母と兄弟、加えて一時は長男夫婦といった大家族で住みました。

とても小さな家です。間取りは田の字型です。玄関土間から上がる玄関三畳、座敷四帖半、納戸四帖半、茶の間三帖の四間（合計が一五帖と今なら居間・食堂の広さで、大家族でも楽しんだ気配がします）、プラス叩きの玄関と台所、食材庫と物入れです。表と裏に縁がついています。医者の家ですから囲炉裏はありません。替わりに竈が暮らしの中心になったようです。茶の間側から薪を焚き、その火が暖にもなりました。湯気や煙が天井の格子から抜け、小屋から屋根に回る様子が手に取るようです。子どもは竈を囲み、手伝い・見上げながら成長していったことでしょう。

庭や土間との上がり下がりは、頻繁だったことでしょう。南北の縁から、玄関と台所の土間から、三〇～五〇センチの段差があります。幼くは全身を使い、少し大きくなって勢いよく、くり返し、化粧竿縁天井や踏み天井を見上げながら、動き回ったのでしょう。

柳田國男生家

南東より見る
元家は往来に面し、板塀に囲まれる

南西より見る
農家·商家でなく医家の住まい。

台所土間より板敷き·3帖を見る
竈は囲炉裏の代用に近い。

玄関土間
左の開口部の奥に台所土間。

台所土間
左手前に流し、左奥に玄関土間、右に竈が見える。

竈の上には煙抜きの格子があり、小屋裏を燻し・乾させる
手前左の板は可動で、玄関・台所の根太天井上に薪を貯蔵・乾燥させた模様。

3帖より台所・竈を見る
竈は板敷き側より焚きつける。

玄関から見る手前3帖と奥座敷4帖半
竿縁天井。

縁から見る座敷と奥4帖半
化粧竿縁天井。

北の縁より茶の間3帖と奥4帖半を見る

Ⅳ マンションでは

私が初めてコンクリートの建物を日々体験したのが高校です。教室は広くて天井が高く、こんなものかと思っていました。新校舎の天井はやや低いと感じました。その後、大学も職場もすべて鉄筋コンクリート造でした。下宿・アパートは、木造でした。結婚を機に公団賃貸住宅を体験しました。マンションのほとんどが、鉄筋コンクリート造です。二メートル四〇センチほどの天井と狭い部屋で、硬くて圧迫されそうな感じには馴染めません。時に叫びたくなるのを抑えてきました。

大きな都市では、住まいの過半をマンションが占めています。利便性の高い駅の周辺では、マンションが標準的な住まいになっています。住む人は、分譲か賃貸か、新築か中古かを決め、取得費・家賃を見ながら多くの物件から住まいを選びます。一つ一つの住まい(＝住戸)は、建つ場所と階数が違うだけで床面積が同じならよく似ています。使い勝手や快適性は、年々改善されてきています。しかしながら、現在のマンションでは「『できる』を育む住まい」の九つのつくりを実現することは、困難です。

主な理由は、二つあります。一つは、庭に替わる戸外空間が貧しいことです。五感を誘う動きのあるもの・生きものが傍らに活かされることなく、感覚刺激・情報が少ない環境です。もう一つは、マンションの住戸には立体的な考えがないのです。平面的な広さだけで、ボリューム・空間を考慮していません。建物全体の高さは規制もあって設計対象ですが、住戸の高さは決め事になっています。各階の高さは二・八〜三・〇メートル、天井の高さは二メートル四センチ〜五〇センチです。この中での住みやすさの工夫です。戸建て住宅に比べ、まったく貧しい居住環境です。

①日本のマンションの歴史と特色

集合住宅が本格的に登場するのは、九〇年ほど前のことです。一九二三年に起きた関東大震災を契機としてつくられた同潤会アパートメント（一九二六〜三四年、一六棟すべて解体）です。二〇世紀の後半から公営住宅・公団住宅が、一九七〇年代以降は民間のマンションが大量にもたらされました。欧米の近代集合住宅の導入と応用でした。

マンションは、戸建て住宅と比べて特殊です。住む人と企画して建てる人が違う点と、土地から離れて住まいを積み重ねる点です。

戸建て住宅は、敷地の制約があっても設計の自由度が高く、住み手の好みに合わせて建築します。これに対しマンションは、地主や分譲会社が事前につくって、住み手は出来上がったものを借りる・買うという形が圧倒的です。営利事業という形でマンションが供給されています。マンションは画一化が進み、住む人の嗜好を反映するチャンネルはほとんどありません。住み手は、与えられる住戸から選択するしかありません。

土地から離れることは、何より大地と縁が切れて、庭を失うことです。庭は、身近な草花や樹木、鳥や昆虫といった生きものと共にあるだけでなく、屋外の食事、家事、ガーデニングや体操といった多用な意味合い・役割があります。マンションは、戸建て住宅に比べると、生活がほぼ住戸の中に限定され、外の住環境が寂し過ぎます。近代集合住宅の標語の一つが、「太陽・緑・空間」でした。過密な都市を立体化して、太陽が溢れ、足元に緑の公園を、高層の空間豊かな建築をということです。マンションの現状は、身近な庭がなく空間の豊かさのない高層高密化の流れです。

一方、快適なマンションを求める提案は九〇年ほど前からあります。一つは、住戸を二階建てにすることです。階段があり、二階吹き抜けの空中庭園と吹き抜けの居間を持ちます。二階建ての戸建て住宅を積み重ねる感じです(人工地盤を空中に重ね、そこに自在に戸建て住宅を建てる案もありました)。実現例は、少ないです。何故かというと、階段と吹き抜けが建築費を押し上げ、現状のマンションと同じ戸数を確保するのが難しいからです。床面積の大きな住戸なら可能性があります。

もう一つが、二つの階をもつメゾネット住戸と呼ばれるものです。三階を二つの住戸で分け合い、真ん中の階の中廊下を介して半分ずつ使う形式が代表的です。二階吹き抜けの

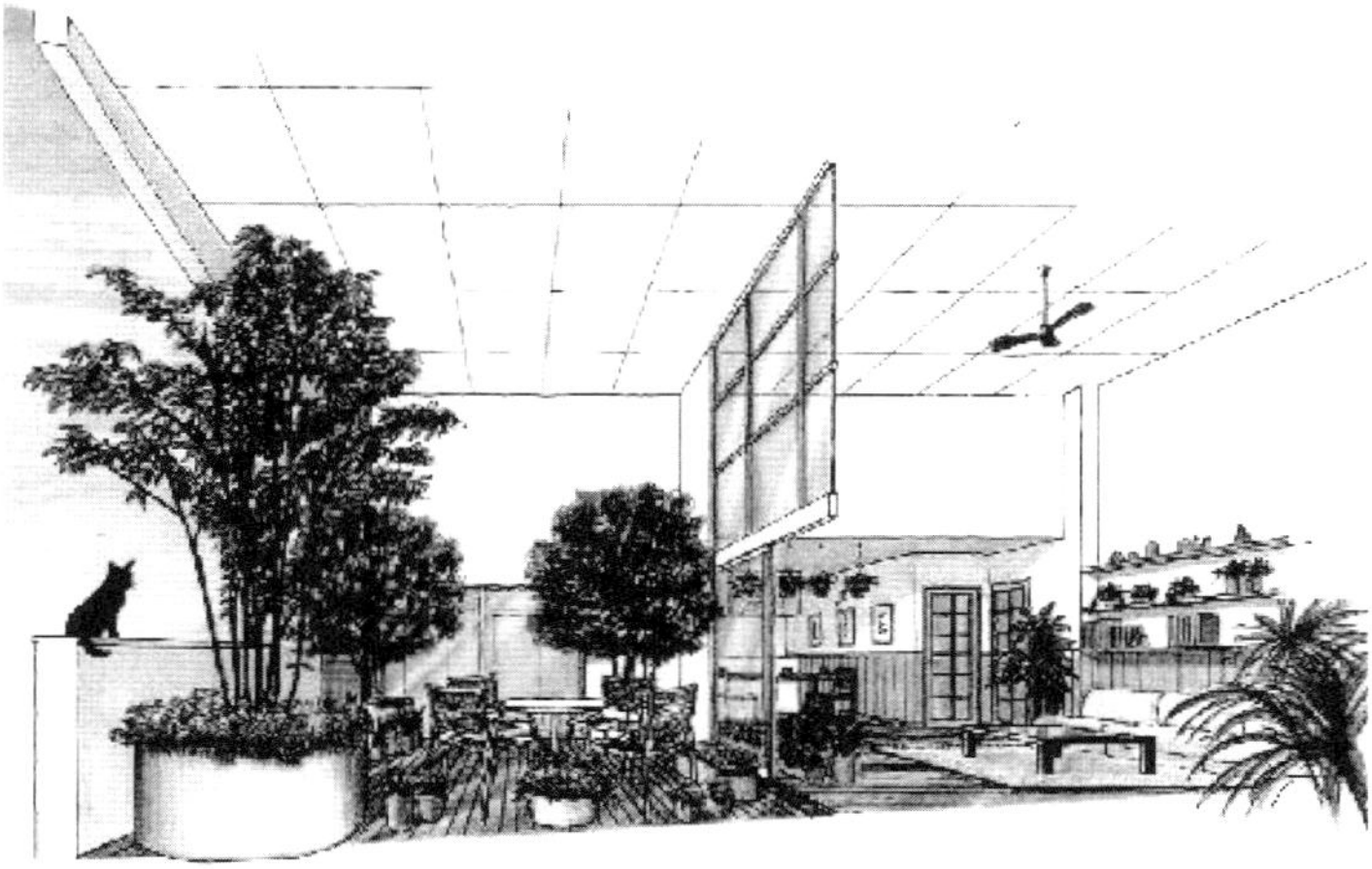

タウン・ヴィラの風景
奥行きが3m、天井高さが5m近い吹き抜けのバルコニーと吹き抜けの居間、他は2m40～50cmの個室などからなります。

バルコニーと居間を持ちます。ル・コルビュジエという建築家の提案で、マルセイユ他四都市で実現しています。バルコニーは奥行きが二メートルの張り出しでした。

他には、素直に階の高さを四メートル近くとる方法があります。でも、個室や洗面・トイレなどの天井高さは二・四メートル程度でよくて無駄が多く、現実的ではないのです。

日本では平面的な広さだけではなく空間の豊かさを加味する提案は、ほとんど実現されていません。災害と戦災復興と高度経済成長にあって量が求められたこと、プラスの空間的なゆとりが家賃や分譲価格に反映できなかったことが背景にあります。

②「『できる』を育むマンション」の提案

住まいの集合体であるマンションは、基本となるフレーム＝骨組みをどうするかが一番大事です。今、マンションに何より欲しいのは、「戸外空間＝空中庭園」と「天井の高い空間＝吹き抜け」です。空中庭園は、古代バビロニアの空中庭園や天空の城ラピュタのイメージが思い起こされます。空に浮かぶ庭園とまで行かなくても、マンションにも太陽と花・緑が溢れるアウトドア・リビングが欲しいものです。そして明るく風が吹き抜ける伸びやかな吹き抜けは、居間や居間プラス食堂になり、ここを中心に暮らしたいものです。

基本となる骨組みは、バルコニーと居間は二階分の高さを持ち、個室や洗面など他が一階分の高さを持ちます。高さが欲しいところを二階にする、上に凸な空間形状の住戸の組み合わせになります。住戸は、原則として平らかで階段をもたない平家です。「タウン・ヴィラ」と呼びます［★］。

空中庭園は、高さと奥行きのあるバルコニーです。階の高さが二階分の五・六〜六・〇

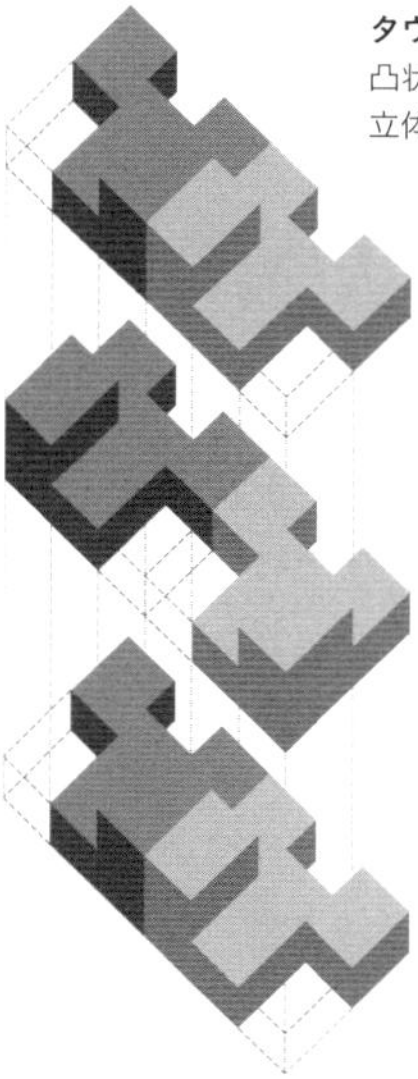

タウン·ヴィラの住戸構成
凸状空間の住戸の組み合わせは、
立体的な組子細工のようです

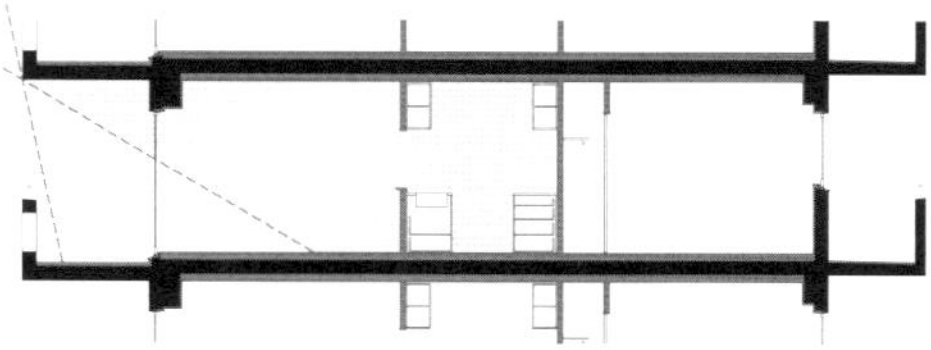

現在のマンションの断面図
階高が2.7～3.2m、奥行きは最大2mのバルコニーでは、冬季に十分な陽光が入りません。

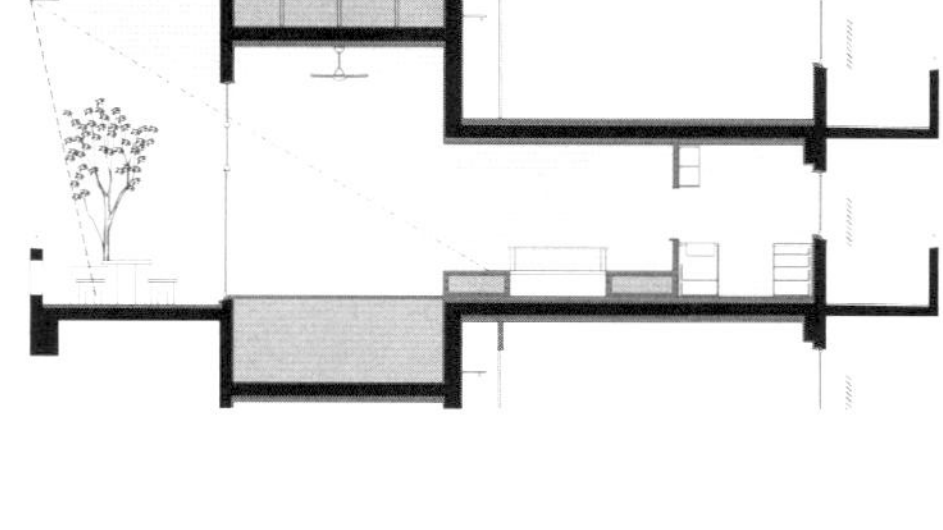

タウン·ヴィラの断面図
階高が2階分の5.6～6.0mとなれば、冬季でも居間の奥の方まで陽光が届きます。また、奥行きのあるバルコニーは外の感覚で、アウトドア·リビングになります。

メートルとなれば、明るい陽射しが深くまで届き、戸外の雰囲気です。二・七〜三・〇メートルの奥行きなら、テーブル・ベンチを置き朝食をとることや、ストレッチなど軽い体操ができます。鉢植えの樹木や草花を育てられます。子育てにも小さな遊び場を提供します。暮らしのもう一つの場になります。多様な自然を採り入れる住環境となります。

吹き抜けの居間（十食堂）は、五メートル近い天井高とするか、床下収納を採って四メートルほどの天井高にします。十分な天井高があれば、小上がりや可動のたたみ縁台を置くといった楽しみ方ができます。住まいの中心性、千変万化する光と影、開放感とゆるみ、暗闇効果をもたらす深みなど暮らしに幅と奥行きをもたらします。

タウン・ヴィラは、基本的に平家を想定しています。すると、階段の楽しみがなくなることになります。これに対し、大きな居間吹き抜けの中にロフト的な空間を設ける方向と、広さが一二〇㎡を超える辺りから二階建てにする方向があります。一つの建築の中に、いろいろなタイプの住戸を組み込むことも考えられます。

また、住まいの集合体であるマンションは、戸建て住宅にはない魅力的な階段をつくれます。マンションには必ず共用階段があります。四階建て以上になるとエレベータ付とな

吹き抜けのバルコニーの風景
吹き抜けのバルコニーは、陽光に溢れ、風を感じ、子育てにもとてもいい空間です。

吹き抜けの居間の風景
和室とセカンド・リビングとつながる吹き抜けの居間です。

り、階段は建築基準法を守るだけのものになる傾向があります（狭くてやや急勾配）。共用の玄関ホールと一〜二階を結ぶ階段は、幼児・子ども達が遊びながら上り下りできるゆったり楽しい雰囲気にすることによって、戸建て住宅にはない空間とすることができます。

一方、集合体のマンションは、戸建て住宅と違って実現できないことがあります。大地の庭がないことが一つです。もう一つが、東の朝の太陽を採り入れることです。一番東の住戸は恵まれますが、密集地では東の建物に邪魔されて難しいこともあります。期待できるのは南面だけです。バルコニーに設置する手すりをルーバー（光・風を調整する可動板）にすることよって、食堂・台所に朝の光を導入します。

タウン・ヴィラは、マンション形式で「『できる』を育む住まい」の九つのつくりを実現する一つの答えになります。ただマンションの特殊性、住む人とマンションを企画してつくる事業者が違うので、すぐには手に入りません。ゆとりの空間は建築費が上がります。事業者は、高い家賃・分譲費でも採算が合うという確実性・実績がないと動きません。タウン・ヴィラの提案以後［★1］二〇年近く、個人的にいろいろな形で提案してきました。ヴェンチャー・ビジネスのイベント、大手や地元のディベロッパー、建設会社、個人事業主、不動産仲介者、税理士などです。おもしろさは理解してもらっても、事業化にはほど遠い

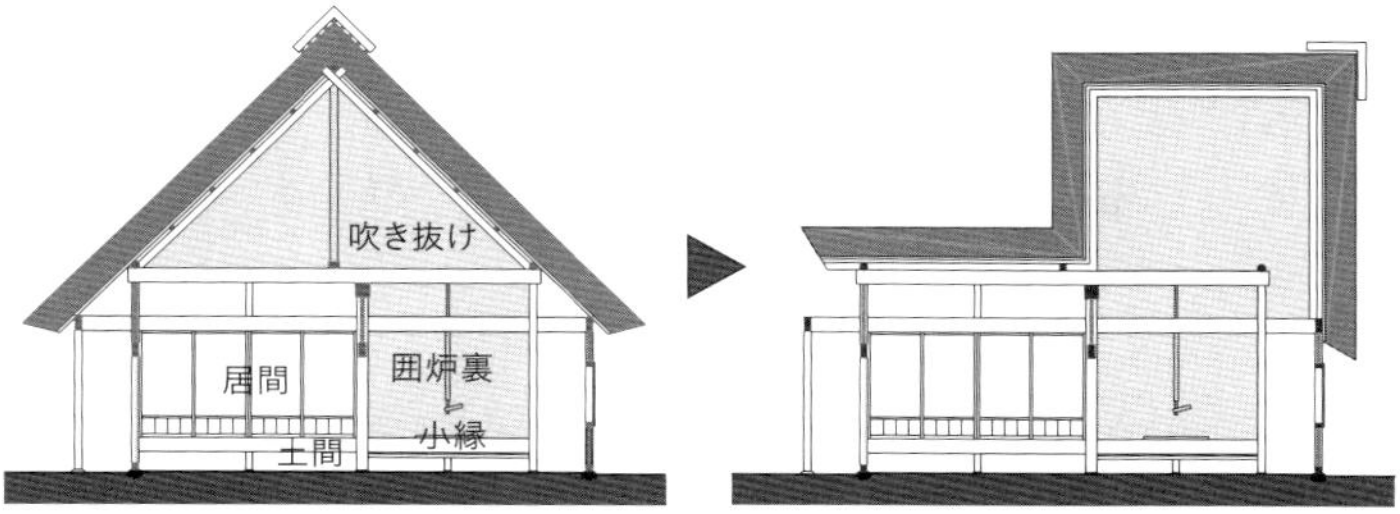

囲炉裏のある民家の変形バージョンの断面
民家は屋根をそのまま小屋吹き抜けとし、タウン・ヴィラは上階の空間を採り込みます。

上下の住戸の組断面
採光面に向かう断面で、真中が通常の階で両側に吹き抜けを持ちます。

様子でした。実現の一歩手前までいった案がありましたが、銀行に三・五年の短期収益性を求められ、頓挫しました。

賃貸マンションの場合は、地主・不動産経営者の判断次第です。差異性が強く、資産価値が大きくなります。人気の住宅地や競争の激しい駅近くでは、一〜二割の建築費アップは家賃にスライドできます。何より長期にわたって魅力が持続します。

分譲マンションの入手は、すぐには困難です。吹き抜けマンションを自らのものにするには、仲間が集まってつくることです。戸建て住宅と同じように、仲間で土地を購入し、オーダー・マンションを建てます。階段を挟んで二住戸並びの三階建て六住戸当たりを目標にします。敷地も大きくなく、エレベータがなくても大丈夫です。友人の輪やネットを介して仲間づくりをします。また相続する土地があれば、資産価値をあげて相続人で共有し、一部賃貸化をします。マンションが大規模化し、人間関係が薄れ、建物維持管理が人任せになりがちです。規模を小さく、街に溶け込むようにあちこちに、自分たちのマンションを持つのもひとつの選択です。

次に三〜五人家族用のタウン・ヴィラ（約一〇〇㎡）の一例を示します。白抜きが二階分の吹き抜けのバルコニーと居間、薄いグレーが一階部分、濃いグレーが下階の吹き抜け上部

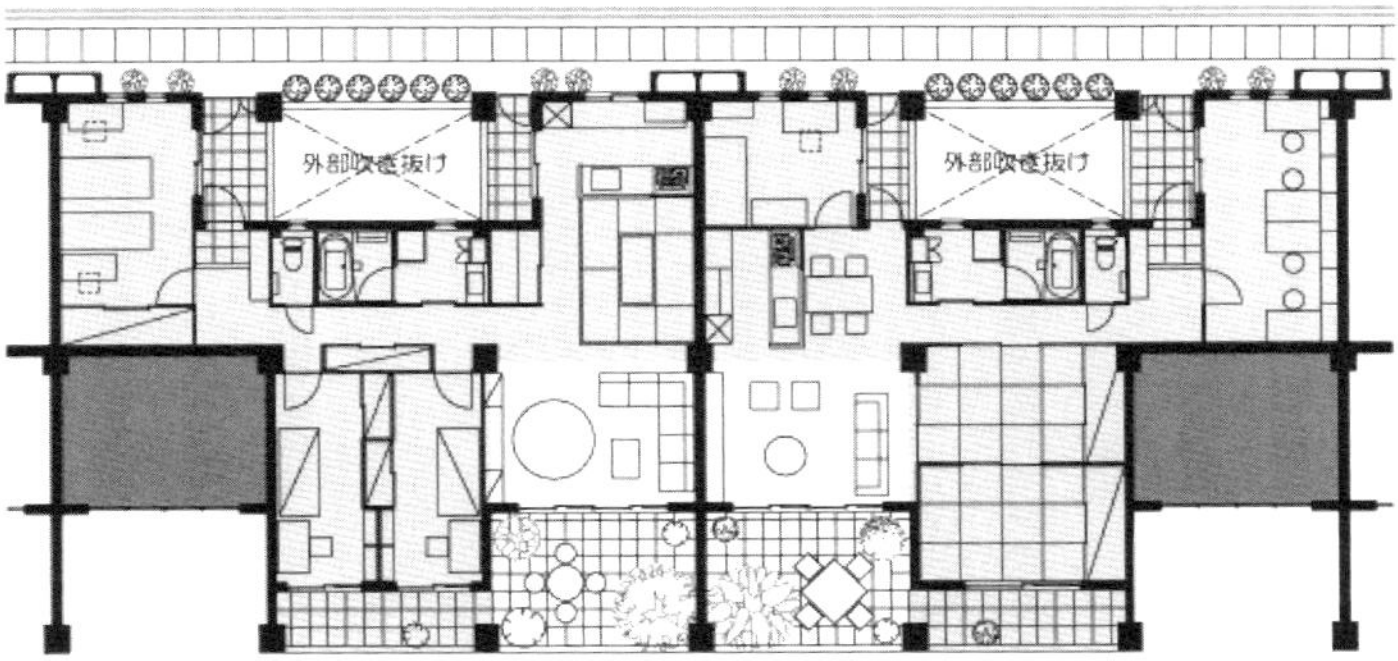

ファミリータイプの偶数階平面図

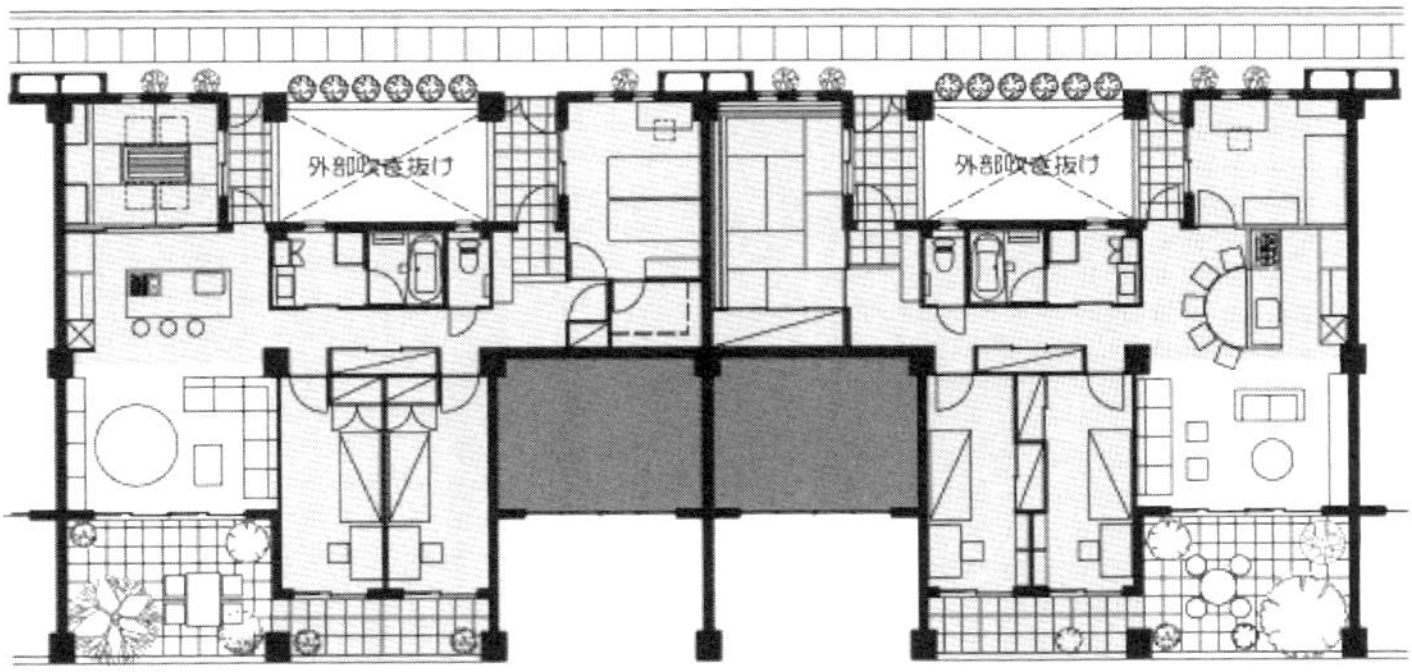

ファミリータイプの奇数階平面図

です。バルコニーと居間で約一九帖の吹き抜けで、外部空間が暮らしに生きてきます。共用廊下側に外部吹き抜けがあり、明るく風通しよく、玄関ポーチと勝手口をとって上下階の気配が感じられる案です。

そして、単身者用のスタジオ・タイプの例を示します。ミニマムのタウン・ヴィラといってよく、約三三㎡です。同じく、白抜きが二階分の吹き抜けのバルコニーと居間、薄いグレー一階部分、濃いグレーが下階の吹き抜け上部です。四×六メートルの吹き抜けに一〇帖のワンルームと四帖強のバルコニーです。若い人ならロフトを寝室代わりや趣味コーナーに使えます。デザイナーなど自由業のオフィス、アーティストのアトリエ、ＳＯＨＯや創造的企業のスタッフ寮などに最適です。

タウン・ヴィラは、住戸規模や吹き抜け空間の大きさによって様々な可能性があります。若い人から高齢者まで、単身者から世帯向けに住戸に適用でき、またオフィスとしての利用も考えられます。陽光溢れ風がそよぐ吹き抜けの半戸外のバルコニーと居間は、住まいを生き生きとします。

★1＝「樹木の掲示　タウン・ヴィラ＝コンチェルト」にて提案　1996.02.11　風琳堂

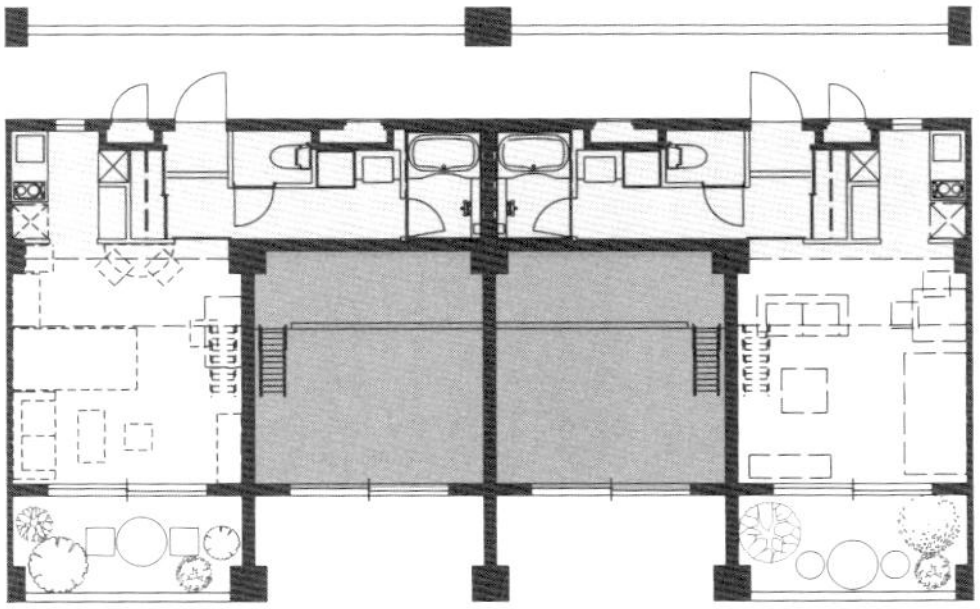

スタジオ・タイプの偶数階平面図

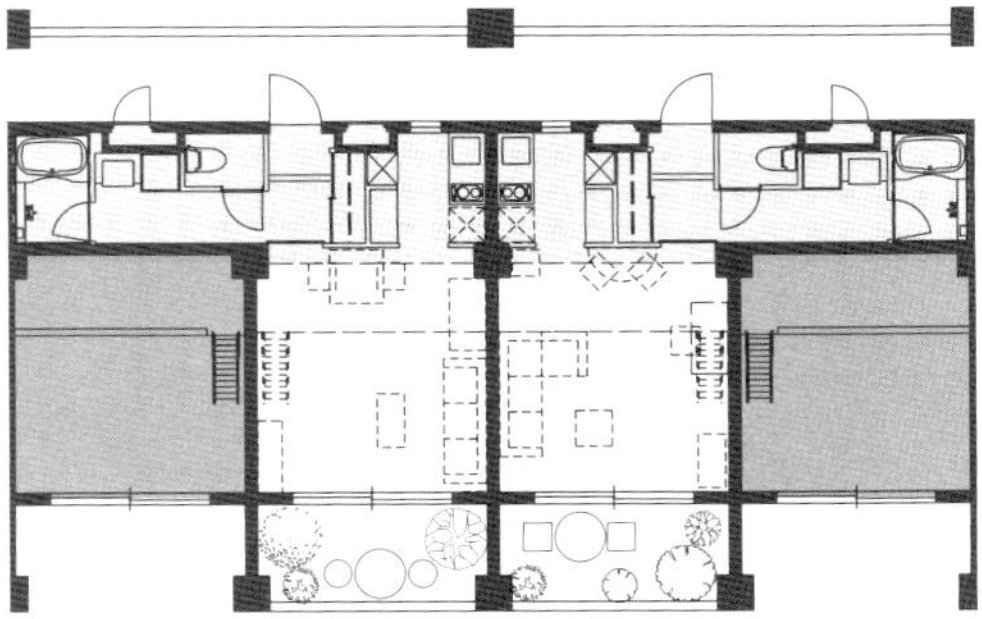

スタジオ・タイプの奇数階平面図

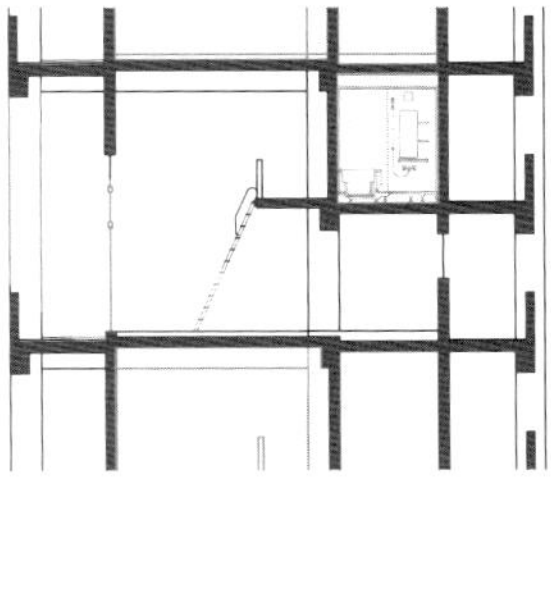

スタジオ・タイプの断面図
若い人なら、ロフトをうまく生かせる。

おわりに

四〇年近く建築の設計に携わっています。多くはない実作の中で共通するテーマの一つが吹抜け空間です。開放感、心地よさ、気晴らし、伸びやかさ、大きな気持ち、光と陰影の交錯、闇の深さ、遥かな宇宙への思い、風の舞い、気遣い、気の交換、気配、一体感などいろいろな意味を込めています。

赤ちゃんが初めてひょいと起ち上がって、誇らしげに微笑むのは感動的です。高さへ起ち上がる願望が、人にはあります。高い天井は、想像力や独創力を刺激します。といっても、吹き抜けが人にとっていいという明確な証拠はありません。

二〇一一年の夏、困り果てている時に運よくお話しいただいたのが、感性研究者・脳科学者の黒川伊保子さんです。

「こういうことのために研究していて、その脳のデータを残している方を私は存じません。私たちは脳の回路の特性から言って、高さがある空間に育つというか、高さに変化がある空間に育つことは、小脳の発達に大きく関わっていることに気づいています。その小脳の発達は、私たちの研究からいうと、言語能力、国語力、母語の力の発達に凄く関わっていて、その母語の力っていうのが、一生生きるために大事な力なんです。ですから、そういうことを断片的につなぎあわせれば、結論として言えるのですが、データとして、広い、高さの高い空間で育った子がどれぐらい小脳が発達しているとか、そうじゃないかということについては、私はずっと観察しているわけではないですし、そういう研究をしている先生を知りません」という最初の出だしから、とても刺激的な一〇〇分ほどでした。ありがとうございます。

それ以来、脳科学の本や雑誌をいろいろ探りました。古い教科書的な本、翻訳本、邦人研究者の本、ニュートンや日経サイエンスの特集などです。古い民家の事例、武家・陣屋や庄屋といった大きな住宅ではなく、小さな住宅を見学しました。今までのつくり方や考えを見直し、整理しました。脳科学的な知見を基に、住まいづくりのおよその大事なことは、イメージできました。

でも本や雑誌は、最先端研究から時間的な遅れがあり、すべてを網羅していません。疑問がいくつもあり、生の最新脳科学情報を求めました。幸い友人の放送大学岐阜学習センター所長岡野幸雄さんから、名古屋大学環境医学研究所長の澤田誠先生を紹介いただき、お話・ご意見を伺うことができました。ご専門はミクログリア細胞の研究とお聞きしましたが、幅広い見方や知識に驚きました。「間違っていないけど、正確じゃない」「もう少し別な面もあるのでは」などと、揺さ振られ、考えを膨らますことができました。「情報フィルター」「マインドセット」「夢の意味」などいろいろお教えていただきました。改めて、深く感謝します。

生まれか育ちか、という話題があります。ざっくりとした数字で言えば、遺伝が四〇％、環境が六〇％ほどと理解していましたが、身体条件などは遺伝率がもっと高いようです。DNAの最善を引き出す生み方はあるかどうかわかりませんが、人は環境によって、置かれた場によって揉まれて成長します。会社に入ってからも、退社してからも脳は成長・成熟します。でも、急速に成長するのが若いときです。人の可能性は、八歳までに八〇％、一二歳までに九〇％が決まる、と聞きます。やや大袈裟かも知れません。小学生までにできることは、詰め込み学習ではないでしょう。遊びです。五感を動員する手・足・指・口の遊びです。その場は、近くの自然溢れる環境であり、住まいです。楽しさ・感動を伴う経験・学習が大事です。

住まいは、運動・スポーツの場ではありません。が、乳幼児にとっては全身で感じて身体活動を発露する場であり、言葉を覚え社会性を身につけていく場です。外の世界の活動が増えても、住まいは食べて睡眠をとり・感じる場であり・身体を動かす場であることは変わりません。今までの脳科学の知見から、住まいの条件が浮かび上がってきます。

住まいは家族が成長していく日々の舞台であり、家族が遊び・楽しみながら成長・成熟するための空間です。脳に刺激・変化の情報をもたらす住環境・住空間の豊かさと多様性、そこで生まれる営みが、人の成長・成熟にアドバンテージをもたらします。

五〇年前にE・ホールは、「礼拝堂は小さくて親しみやすく、大聖堂は威厳にみち、それが占める空間のおおきさによって宇宙を思い浮かばせる」と『かくれた次元』のなかで述べています。建築は、人間の精神・感情・思考・行動に影響を及ぼします。このことは、脳科学的な知見によっても明らかになりつつあります。

住まいと共に、周りの住環境はとても大切です。都市化は、空地・遊び場や緑・水辺といったゆとりを住む場から削ってきました。日本では住宅が木造ということで、建て替えが進みました。住まいの他に建築空間的に脳の成長に有用な資産はないのでしょうか。

積み重ねの石のヨーロッパ文化は、町や村に資産があります。どの時代にも社会の富を建築として残します。中世では、王宮や貴族の館とともに教会がその中心でした。国の隅々まで数多く建設されました。空間を少しでも広く高く築き、ステンドグラス越しに光を高みから導き、尖塔から鐘を打ちました。日曜礼拝には、家族揃って出かけたことでしょう。ぼんやりとした新生児の視界が徐々に発達し、八歳九歳には視力・視界が完成し、大きな建築を見渡せます。徐々に光が空間を映し、思い切り目で追いかけたことでしょう。空間や光と陰影が子どもの成長に強く刺激となります。そして日々鐘の音が暮らしのリズムをつくり、空間を思い起こさせます。

現代日本に残り活用できそうな歴史的な建築資産は、何があるでしょうか。それは町中にあるお寺であり、町屋そして地方に散在する民家です。防火規制のある市域で木造建築は難しいのですが、公園などに民家を移築します。お寺は、とても刺激的な場です。私はお寺に付属の保育園に通いました。園舎と共に、静かな境内、そびえる銀杏の木、鐘つき堂、大きな階段に大きな框、天井の高いお堂(ここで午睡)、輝くご仏壇と閻魔様の壁画、欄干越しの墓石など、いつまでも記憶の隅にあります。町屋や民家の土間や柱・梁が現しの飾らない吹き抜けや屋内空間も子どもには継続的な刺激になります。

それらの建築で、子ども向けに習字やそろばん塾、合唱の練習や楽器の演奏教室などを催します。幼児教室や学童保育・トワイライトルームもいいでしょう。住職自ら、あるいは個人やNPOが場を借りて運営します。住まいとは別に、週に何度かの空間豊かな木造建築の体験は子どもに貴重な刺激情報をもたらします。

この延長上には、保育園や幼稚園建築の工夫が望まれます。また、小学校一・二年生には一律的な校舎ではなく、高低差のある空間を持つ場が欲しいものです。

今回、最新の脳科学的な知見を基に、今までとまったく違う見方で住まいのあり様を整理しました。とは言え、じっくり読まないと伝わりにくい面もあります。にもかかわらず受け止めていただいた工作舎さんに格別感謝しています。とくに米澤敬編集長には、間違いや表現の拙さの訂正だけでなく、難解部分を解きほぐしていただき、とても感謝しています。

また、今日まで建築設計のなかで何度も繰り返し思い巡らし、試行錯誤し、アイデアを練りました。その一つ一つが今回の血肉になっています。私に建築の機会を与えていただいた建築主さんに特別感謝します。

参考文献　［○＝単行本　◇＝雑誌］

〈脳科学関係〉

○『脳の話』時実利彦著 岩波新書　1962.08.28
○『日本人の脳』角田忠信著 大修館書店　1978.02.15
○『生命を捉えなおす』清水博著 中公新書　1978.05.25
○『脳の発見』角田忠信著 大修館書店　1985.12.01
○『続日本人の脳』角田忠信著 大修館書店　1985.12.01
○『生命のニューサイエンス』ルパート・シェルドレーク著 工作舎　1986.03.01
○『脳のメカニズム』伊藤正男著 岩波ジュニア新書　1986.08.20
○『生命を捉えなおす』増補版 清水博著 中公新書　1990.10.25
○『新・人体の矛盾』井尻正二・小寺春人著 築地書館　1994.02.10
○『遺伝子の川』リチャード・ドーキンス 草思社　1995.11.06
○『生命知としての場の論理』清水博著 中公新書　1996.11.25
○『脳の不思議』伊藤正男著 岩波書店　1998.01.22
○『脳のなかの幽霊』V・S・ラマチャンドラン&サンドラ・ブレイクスリー著 角川書店　1999.07.30
○『脳を極める 脳研究最前線』立花隆著 朝日文庫　2001.03.01
○『話を聞かない男、地図が読めない女』アラン&バーバラ・ピーズ著 主婦の友社　2002.11.01
○『脳は眠らない』アンドレア・ロック著 ランダムハウス講談社　2003.03.15
○『夢の科学』アラン・ホブソン著ブルーバックス　2003.12.20
○『脳の中身が見えてきた』甘利俊一・伊藤正男・利根川進著 岩波書店　2004.09.22
○『脳を育む』ＯＥＣＤ教育研究革新センター編著　明石書店　2005.02.20
○『生物と無生物のあいだ』福岡伸一著 講談社新書　2007.05.18
○『生命とは何か』シュレーディンガー著 岩波文庫　2008.05.16
○『「思考」のすごい力』ブルース・リプトン著 ＰＨＰ研究所　2009.02.03
○『脳を鍛えるには運動しかない』ジョン・Ｊ・レイティ著　ＮＨＫ出版 2009.03.20
○『脳のしくみ』サンドア・アーモット&サム・ワン著 東洋経済新報社　2009.05.07
○『脳科学の真実』坂井克之著 河出ブックス　2009.10.30
○『脳ブームの迷信』藤田一郎著 飛鳥新社　2009.11.24
○『ソーシャルブレインズ入門』藤井直敬著 講談社現代新書　2010.02.20
○『脳に効く「睡眠学」』宮崎総一郎著 角川ＳＳＣ新書　2010.03.25

○『脳の発達と育ち・環境』ＮＰＯ法人脳の世紀推進会議編 クバプロ 2010.06.25
○『知性誕生』ジョン・ダンカン著 早川書房 2011.03.25
○『越境する脳』ミゲル・ニコレイス著 早川書房 2011.09.25
○『奇跡の脳』J・B・テイラー著 新潮文庫 2012.04.01
○『病気の原因は「眠り」にあった』宮崎総一郎著 実業之日本社 2012.12.03
○『脳はこんなに悩ましい』池谷裕二&中村うさぎ著 新潮社 2012.12.20
○『考える腸ダマされる脳』藤田紘一郎著 日本文芸社 2013.08.01
○『社会脳とは何か』千住淳著 新潮新書 2013.08.20
○『単純な脳、複雑な「私」』池谷裕二著 ブルーバックス 2013.09.20
○『脳には妙なクセがある』池谷裕二著 扶桑社新書 2013.12.01
○『自分では気づかないココロの盲点』池谷裕二著 朝日出版社 2013.12.20
○『なぜ名前だけがでてこないのか』澤田誠著 誠文堂新光社 2013.12.27
○『脳内麻薬』中野信子著 幻冬舎新書 2014.01.30
○『つながる脳』藤井直敬著 新潮文庫 2014.07.01
○『脳と心のしくみ』池谷裕二監修 新星出版社 2015.11.05
◇『別冊日経サイエンス 脳科学のフロンティア 意識の謎 知能の謎』 2009.08.06
◇『別冊日経サイエンス 心と脳のサイエンス01』 2010.03.24
◇『別冊日経サイエンス こころと脳のサイエンス04 特集 赤ちゃんパワーが〝親脳〟を育てる』 2011.11.17
◇『日経サイエンス２０１３年６月号 特集：天才脳の秘密』 2013.04.25
◇『別冊日経サイエンス 心の成長と脳科学』 2013.08.22
◇『別冊日経サイエンス 心の迷宮 脳の神秘を探る』 2013.04.18
◇『別冊日経サイエンス 意識と感覚の脳科学』 2014.10.22
◇『ニュートン別冊 脳と心のしくみ――ここまで解明された』 2006.04.20
◇『ニュートン別冊 脳のしくみ――ここまで解明された最新の脳科学』 2008.09.20
◇『ニュートン別冊 脳と心――「心」はどこにあるのか』 2010.11.15
◇『ニュートン別冊 知能と心の科学――知能とは何か？意識とは何か？』 2012.12.15
◇『ニュートン別冊 脳力のしくみ――記憶力、直観力、発想力、天才脳』 2014.07.15

〈乳幼児・子ども・勉学関連〉
○『「乳幼児の世界」』野村庄吾著 岩波新書 1980.12.22
○『内蔵のはたらきと子どものこころ』三木成夫著 築地書館 1982.08.20
○『「胎児の世界」』三木成夫著 中公新書 1983.05.23
○『誕生を記憶する子どもたち』D.チェンバレン著 春秋社 1991.03.01
○『バース・リボーン』ミシェル・オダン著 現代書館 1991.10.30
○『胎児は見ている』T・バーニー著 祥伝社黄金文庫 1997.01.20
○『子供の能力は9歳までの育て方で決まる』大島清著 海竜社 1999.03.04

○『天才の栄光と挫折』藤原正彦著 新潮新書　2005.05.15
○『感じることば』黒川伊保子著 筑摩書房　2003.04.25
○『小３までに育てたい算数脳』高濱正伸著 健康ジャーナル社 2005.08.01
○『「運脳神経」のつくり方』深代千之著 ラウンドフラット 2009.05.01
○『日本語はなぜ美しいのか』黒川伊保子著 集英社新書 2007.01.22
○『生物の進化に学ぶ乳幼児期の子育て』斉藤公子著 かもがわ出版　2007.08.01
○『手にとるように発達心理学がわかる本』小野寺敦子著 かんき出版　2009.07.21
○『子どもの地頭をよくする方法』篠原菊紀著 Discover 21 2007.09.05
○『「できる子」が育つ』七田眞&七田厚著 ＰＨＰ研究所 2010.03.04
○『決定版 その子育ては科学的に間違っています』國米欣明著 河出書房新社　2010.06.10
○『脳育ての黄金ルール』黒川伊保子著 食べもの文化増刊 2010.10.20
○『理系脳』　諸葛正弥著 マイコミ新書　2010.11.30
○『赤ちゃんの不思議』開一夫著 岩波新書　2011.05.20
○『「生きる力」の強い子を育てる』天外司朗著 飛鳥新社 2011.10.11
○『スポーツのできる子どもは勉強もできる』深谷千之&長田渚左著　幻冬舎新書　2012.01.30
○『国語が子どもをダメにする』福島隆史著 中央新書ラクレ 2012.08.10
○『頭のいい子を育てる８つのあそびと５つの習慣』篠原菊紀著　Discover21　2013.03.25
◇『ニュートン別冊 赤ちゃん学』　2014.06.10
○『天才を生んだ孤独な少年期』熊谷高幸著 新曜社　2015.03.16
○『子どもの育ちと脳の発達』佐藤佳代子著 文芸社　2015.05.15

〈健康・自己啓発関連〉
○『「生物は重力が進化させた」』西原克成著 ブルーバックス 1997.12.20
○『唯脳論』養老孟司著 筑摩書房　1998.10.08
○『お風呂大好き』早川美穂著 生活情報センター　2003.12.10
○『国家の品格』藤原正彦著 新潮新書　2005.11.20
○『日本人と風呂』筒井功著 文春新書　2008.0.20
○『無邪気な脳で仕事をする』黒川伊保子&古森剛著 ファーストプレス　2009.01.14
○『脳が先か、心が先か』養老孟司他著 大正大学出版会 2009.08.02
○『脳にいい５つの習慣』篠浦伸禎著 マキノ出版　2010.09.01
○『人生に勝つ脳』篠浦伸禎著 技術評論社　2010.11.25
○『夫婦脳』黒川伊保子著 新潮文庫　2010.12.01
○『お風呂の達人』石川泰弘著 草思社　2011.02.15
○『世界で通用する人がいつもやっていること』中野信子著 アスコム　2012.08.02
○『キレる女懲りない男』黒川伊保子著 ちくま新書　2012.12.10
○『ボケない生き方』篠浦伸禎著 Discover21　2012.10.15
○『「腸の免疫」を上げると体も脳も10歳若返る！』奥村康著 アス

コム　2012.11.27
○『お風呂と脳のいい話』茂木健一郎 山崎まゆみ著 東京書籍　2014.06.07
○『努力不要論』中野信子著 フォレスト出版　2014.07.20
○『正しい恨みの晴らし方』中野信子 澤田匡人著 ポプラ社　2015.02.02

〈住宅・建築関係他〉
○『かくれた次元』エドワード・T・ホール著 みすず書房　1970.10.30
○『エリアーデ著作集第1巻 太陽と天空神』ミルチャ・エリアーデ著 せりか書房　1974.04
○『生命潮流』ライアル・ワトソン著 工作舎　1981.11.20
○『ネオフィリア』ライアル・ワトソン著 筑摩書房　1988.06.10
○『槇文彦のディテール――空間の表徴-階段』槇総合計画事務所著 彰国社　1999.03.10
○『家族の絆を育む「和みの住まい」』羽生松弦著 文芸社　2005.06.15
○『家族の絆をつくる家』外山知徳著 平凡社　2007.03.16
○『すくすくと子どもが育つ家づくりのルール66 ムック』成美堂出版　2007.11.01
○『頭のよい子が育つ間取りとインテリア』セブン&アイ出版　2008.08.21
○『子どもがスクスク育つ家づくり』細谷覚著 エル書房　2009.03,27
○『あなたの健康は家が決める』田中勇一著 扶桑社　2009.10.10
○『健康維持増進住宅のすすめ』（財）建築環境・省エネルギー機構編 大成出版社　2009.10.20
○『建築と知的生産性』（財）建築環境・省エネルギー機構編 テツアドー出版　2010.01.28
○『家族の会話がはずむ家』袴田年久著 総合法令出版　2011.02.07
○『「生きる力」を引き出すヒント！ その秘密は家にあった！』アイフルホーム・キッズデザイン研究所著 CCCメディアハウス　2012.08.30
○『ハウジング・トリビューン ココロとカラダが喜ぶ住まい』2013.09.13

著者紹介

脇田幸三（わきたこうぞう）

1951 年岐阜県生まれ、建築家。
株式会社 綜設計代表。
名古屋工業大学大学院工学研究科建築学修了。
主に、住宅、医院、マンションを設計。
著書　「樹木の啓示―タウン・ヴィラ＝コンチェルト」 風琳堂 1996.02.11
建築絵本「猫一の住まい見て歩き」 風琳堂　1997.12.26

「できる」を育む家づくり——住空間と脳

発行日——二〇一六年三月二〇日
著者——脇田幸三
編集——米澤敬
エディトリアル・デザイン——松田行正＋杉本聖士
印刷・製本——株式会社精興社
発行者——十川治江
発行——工作舎　editorial corporation for human becoming
〒169-0072　東京都新宿区大久保2-4-12　新宿ラムダックスビル12F
phone : 03-5155-8940　fax : 03-5155-8941
URL : http://www.kousakusha.co.jp
e-mail : saturn@kousakusha.co.jp
ISBN978-4-87502-472-9

住宅リフォーム革命

山根裕太

家はリフォームしながら長く住む時代。悪質業者を避けるためにも、「安さ」だけに惑わされず、正しい知識をもつことが不可欠。価格から職人さんへのお茶だしまで情報満載。

四六判／240頁／定価：本体1500円＋税

空間に恋して

象設計集団＝編著

神と人の交信の場「アサギ」テラスを設けた名護市庁舎、台湾の冬山河親水公園、十勝の氷上ワークショップなど、象設計集団の場所づくり33年の軌跡の集大成。

B5判変型／512頁（カラー224頁）／定価：本体4800円＋税

茶室とインテリア

内田 繁

靴を脱ぎ、床に座る日本人。その身体感覚を活かす空間デザインとは？　日本を代表するインテリア・デザイナーが、伝統的な日本のデザインを通じ、暮らしの将来を描き出す。

A5判変型上製／152頁／定価：本体1800円＋税

エネルギー自立型建築

丹羽英治＝監修・著

再生可能エネルギー等により建築物のエネルギー収支ネット・ゼロを実現する建築「ZEB」の基本概念とアプローチ方法を提案。日建設計グループのシンクタンク、NSRI選書第1弾。

B6判変型／200頁＋口絵カラー8頁／定価：本体1200円＋税

スマートシティはどうつくる？

山村真司＝監修・著

エネルギー、水資源、情報通信など、くらしを構成する機能をつなげ、快適な生活をもたらす「スマートシティ」。世界の都市が取り組むスマート化へのプロセスを解く。NSRI選書第2弾。

B6判変型／200頁＋口絵カラー8頁／定価：本体1200円＋税

エネルギーマネジメントが拓く未来

湯澤秀樹＝監修・著

持続可能な未来社会を見すえたエネルギー管理は喫緊の課題。建物・街区・都市の実態調査からエネルギー性能を評価し、改善策としての技術開発やその活用法を提案。NSRI選書第3弾。

B6判変型／200頁＋口絵カラー8頁／定価：本体1200円＋税